Questo libro prende il suo nome dal film comico del 1980 Ma che siamo tutti matti? (The Gods Must Be Crazy), in cui una bottiglia vuota di Coca-Cola, lanciata da un aereo, cade su una tribù di boscimani africani. La bottiglia viene inizialmente considerata un dono degli dei, ma, dopo aver provocato delle lotte tra gli abitanti del villaggio, i capi della tribù decidono di restituirla agli dei e mandano uno degli anziani del villaggio ai confini del mondo per lasciare la bottiglia oltre tale confine. La metafora della bottiglia di coca cola serve ad esplicitare la mia visione dell'alba di un nuovo impero. Questo libro esterna il mio punto di vista su come poter favorire la ripresa dell'impero attuale (capitalismo e imprese) prima che sia troppo tardi.

PREGHIERA PER RIPORTARE IN VITA LA CASA DEI ROOSEVELT

"Vennero a Gerusalemme ed Egli, entrato nel tempio, si mise a scacciare coloro che vendevano e compravano nel tempio; rovesciò le tavole dei cambiavalute e le sedie dei venditori di colombi; e non permetteva a nessuno di portare oggetti attraverso il tempio. E insegnava, dicendo loro: «Non è scritto: "La mia casa sarà chiamata casa di preghiera per tutte le genti]"? Ma voi ne avete fatto un covo di ladri». I capi dei sacerdoti e gli scribi udirono queste cose e cercavano il modo di farlo morire. Infatti avevano paura di lui, perché tutta la folla era piena d'ammirazione per il suo insegnamento". (Marco 11:15-18, ESV)

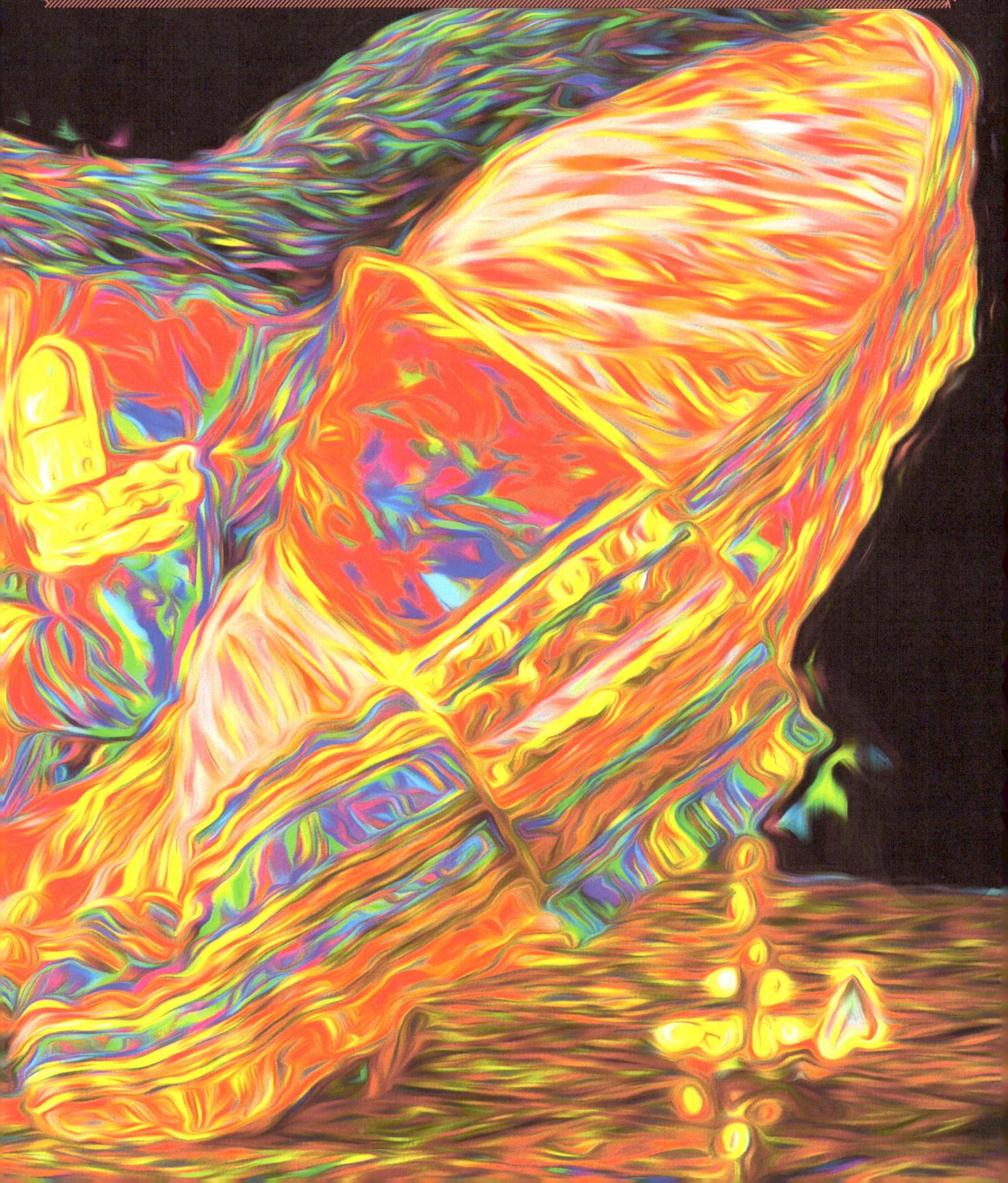

> *"Se non c'è sicurezza qui a casa non può esserci pace duratura nel mondo"*.

——————————— Franklin Delano Roosevelt ———————————

Proprio mentre scrivo questo libro, sta esplodendo l'*anarchia*: una *guerra* civile è in corso sotto casa mia, nel cuore di Chicago. Citando una chiamata registrata dal Consiglio Comunale di Chicago, "è ‹una zona di guerra virtuale› dove ‹i membri delle bande armati di AK-47 minacciano di sparare ai neri›. Stanno sparando alla polizia».

Nel frattempo, nell'ufficio del sindaco, la discussione strategica registrata del Consiglio Comunale, finalizzata a risolvere il problema, si è trasformata in un incontro a suon di grida cariche di bestemmie che ricordano la repubblica delle banane[1] di Chiraq[2]. Mi chiedo cosa ci riservi il futuro se pare quasi necessario barricare[3] porte e finestre della mia casa storica? Anche una delle torri d'avorio più pregevoli e iconiche del mondo (l'ultima sede della Encyclopædia Britannica), protetta da una milizia privata, sembra non essere sicura.

Come membro di *One Shared World* ho giurato di difendere e salvaguardare non solo i miei adorati Stati Uniti, ma l'umanità in generale. Ritengo sia mia responsabilità morale indicare agli altri come un'infrastruttura predittiva, preventiva e reattiva potrebbe proteggerci da minacce esistenziali condivise.

INDICE

Struttura del libro 1

Gli albori del Regno di Mezzo 6

Lo stato attuale delle imprese 45

Ma che siamo tutti matti! 55

Il nuovo assetto mondiale 59

Il nuovo assetto delle imprese 67

Pensare in modo differente 77

Chi ha creato l'impero capitalistico degli Stati Uniti? 81

Una proposta per ripristinare la casa dei Roosevelt 91

Epilogo 131

L'autore 141

La tua opinione è un bene prezioso 147

Ringraziamenti 157

STRUTTURA DEL LIBRO
L'IMMINENTE ASCESA DEL REGNO DI MEZZO

★★

Gli albori del Regno di Mezzo

Il nostro impero è in pericolo, ne consegue che l'esistenza dei suoi imprenditori sia minacciata. Se non giochiamo bene le nostre carte, il prossimo impero avido (Il Regno di Mezzo[4]) manderà presto i suoi galoppini a riscuotere le cambiali dagli Stati Uniti e da più di cento altri Paesi che ha colonizzato finanziariamente dopo lo tsunami economico del 2008.

Ma che siamo tutti matti?

Nella sezione iniziale del libro, racconto la mia cavalcata sulla tigre attraverso i campi distorti della realtà: dalla culla del comunismo in Oriente alle catacombe del capitalismo in Occidente. Tutto questo viene ritratto sullo sfondo del libro di Hernando de Soto, *Il mistero del capitale. Perché il capitalismo ha trionfato in Occidente e ha fallito nel resto del mondo* (*The Mystery of Capital: Why Capitalism Triumphs in the West and Fails Everywhere Else*).

★★

The Gods Must be Crazy!

The Rise & Fall Measures of Empires

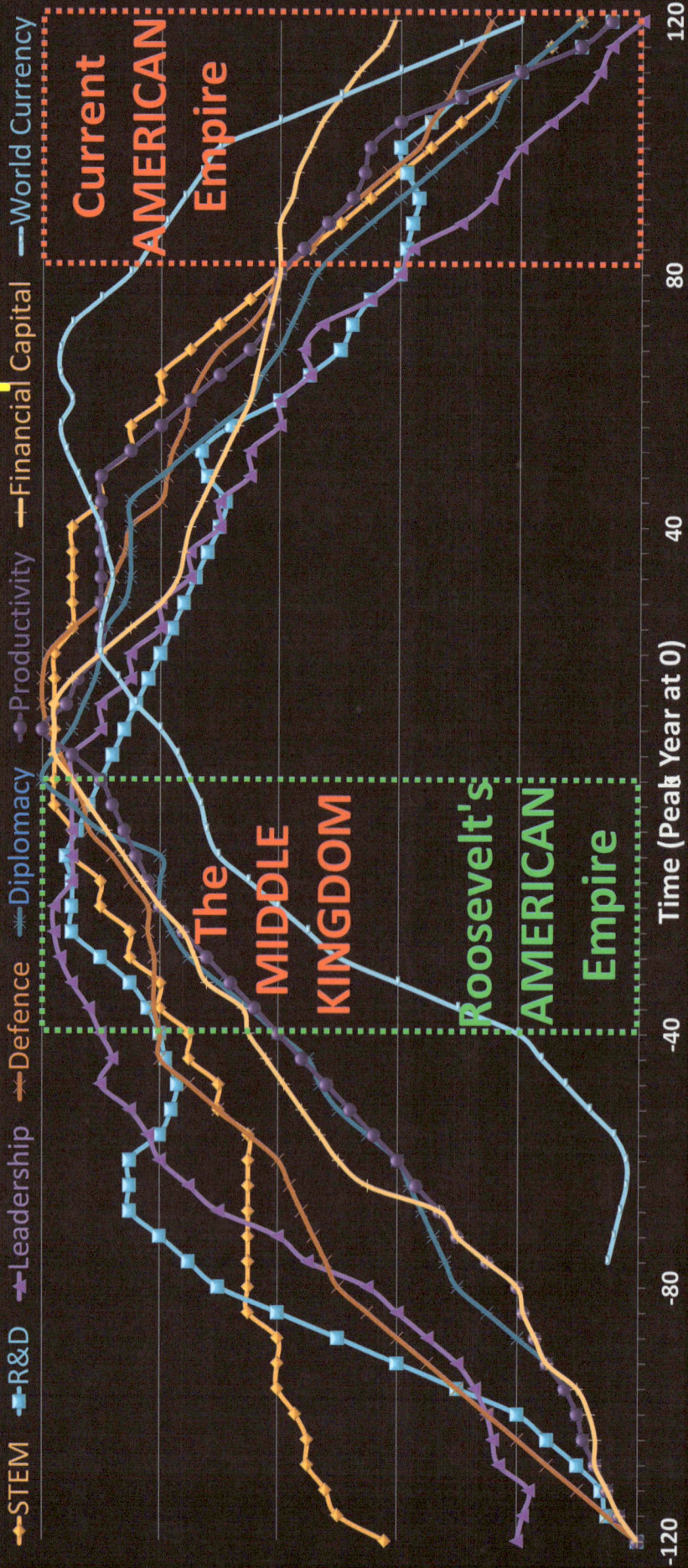

Legend: STEM · R&D · Leadership · Defence · Diplomacy · Productivity · Financial Capital · World Currency

Current AMERICAN Empire

The MIDDLE KINGDOM

Roosevelt's AMERICAN Empire

X-axis: Time (Peak Year at 0) — -120, -80, -40, 0, 40, 80, 120

Una proposta per ripristinare la casa dei Roosevelt

Nella seconda sezione del libro, adatto La Nuova Normalità alla prospettiva di Empire to Enterprise per spiegare come salvarci dall'imminente Quarto Reich. La sopravvivenza di un'impresa è connessa con l'ascesa e la caduta dei suoi padrini patrocinanti, gli imperi del mondo - come abbiamo visto con le imprese più importanti come la Compagnia Olandese delle Indie Orientali (Dutch East India Company)[5] e la Compagnia Britannica delle Indie Orientali (British East India Company)[6].

Minando le basi del capitalismo, propongo la mia ricetta per riportare in auge il buon vecchio New Deal[7] di Roosevelt, al fine di preservarci dal Quarto Reich. Difendo la mia ipotesi che molte imprese non siano altro che un branco di rane finanziarie, dipendenti dal debito, che nuotano in un tiepido olio di serpente[8].

★ ★

The Gods Must Be Crazy!

Gaggle of Financial-Engineering Frogs in Debt

Nonfinancial Corporate Business; Debt Securities; Liability, Level (**Trillion $**)

Source: Board of Governors of the Federal Reserve System(FRED, Q1 2021)

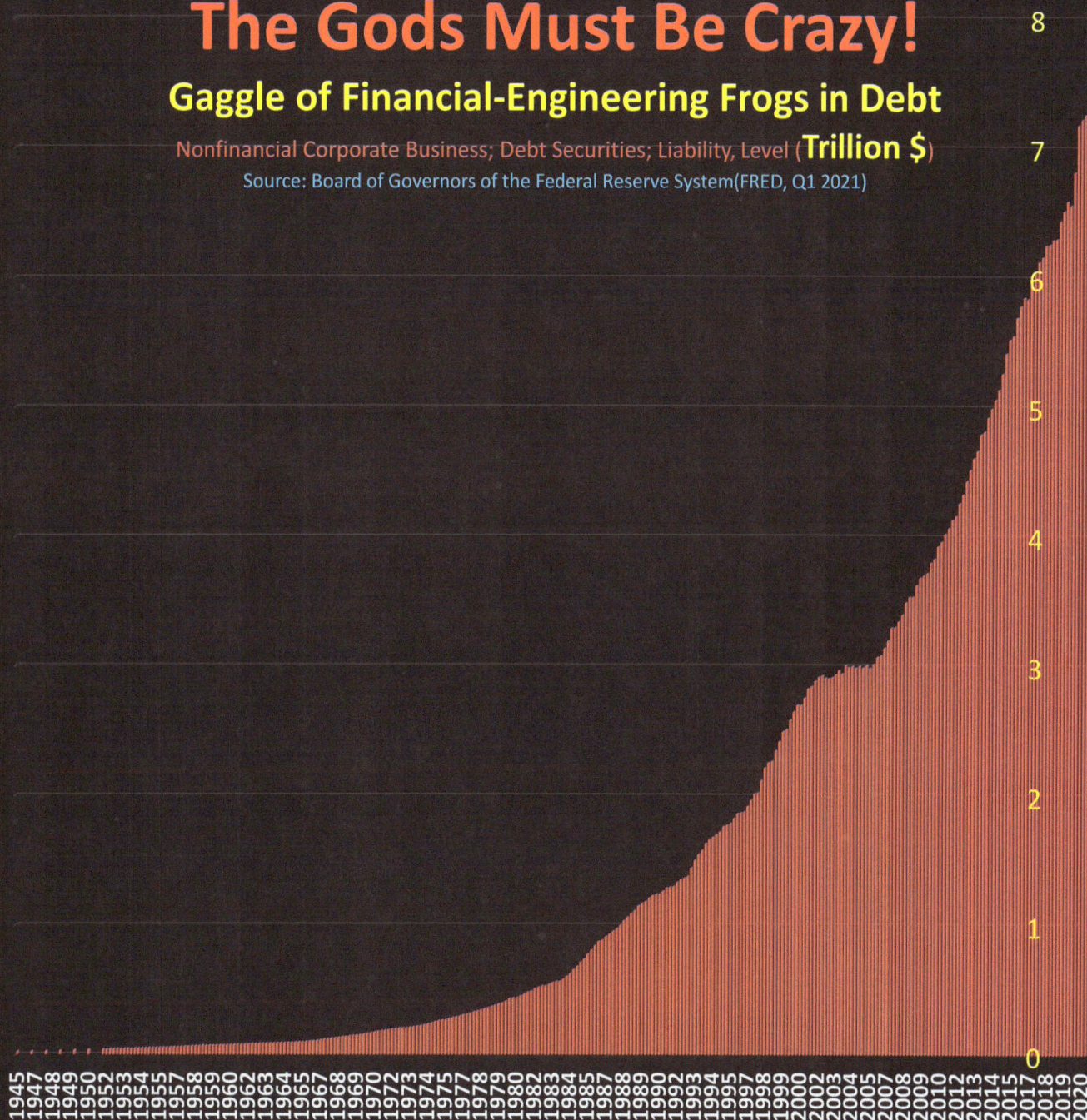

Quando la marea si ritirerà, molte di queste imprese incontreranno il loro sordido destino per mano di avvoltoi della IP (Proprietà Intellettuale) quali la Cina, come mostrato nel grafico qui sotto:

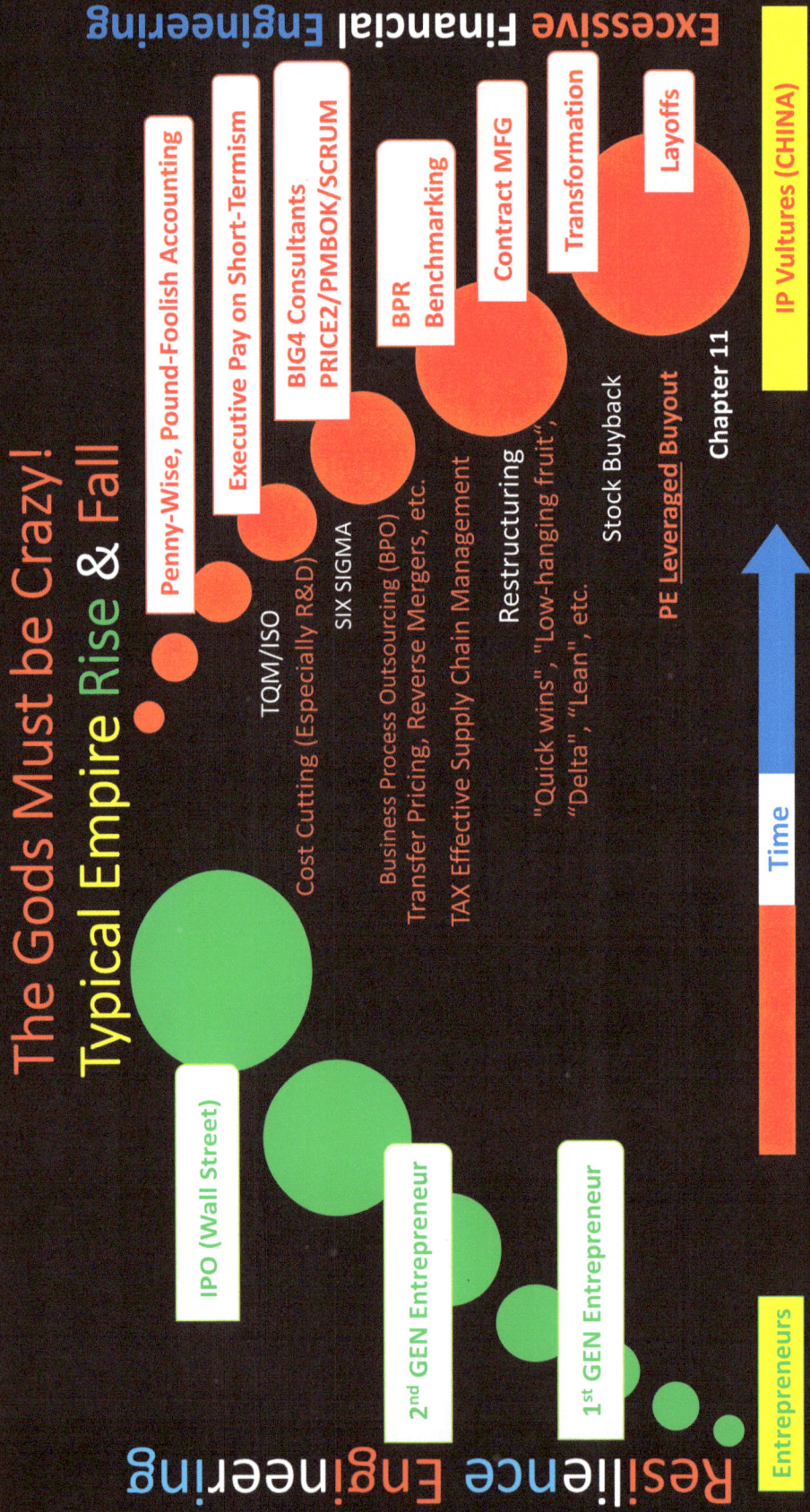

The Gods Must be Crazy!
Typical Empire Rise & Fall

Excessive Financial Engineering

- Penny-Wise, Pound-Foolish Accounting
- Executive Pay on Short-Termism
- BIG4 Consultants PRICE2/PMBOK/SCRUM
- TQM/ISO
- Cost Cutting (Especially R&D)
- SIX SIGMA
- BPR Benchmarking
- Business Process Outsourcing (BPO)
- Transfer Pricing, Reverse Mergers, etc.
- TAX Effective Supply Chain Management
- Contract MFG
- Restructuring
- "Quick wins", "Low-hanging fruit", "Delta", "Lean", etc.
- Transformation
- Stock Buyback
- Layoffs
- PE Leveraged Buyout
- Chapter 11
- IP Vultures (CHINA)

- IPO (Wall Street)
- 2ND GEN Entrepreneur
- 1ST GEN Entrepreneur
- Entrepreneurs

Time

Resilience Engineering

...no tutti matti!

Ay Yi Yai Yi! We are in the middle of The New World Order!

GLI ALBORI DEL REGNO DI MEZZO

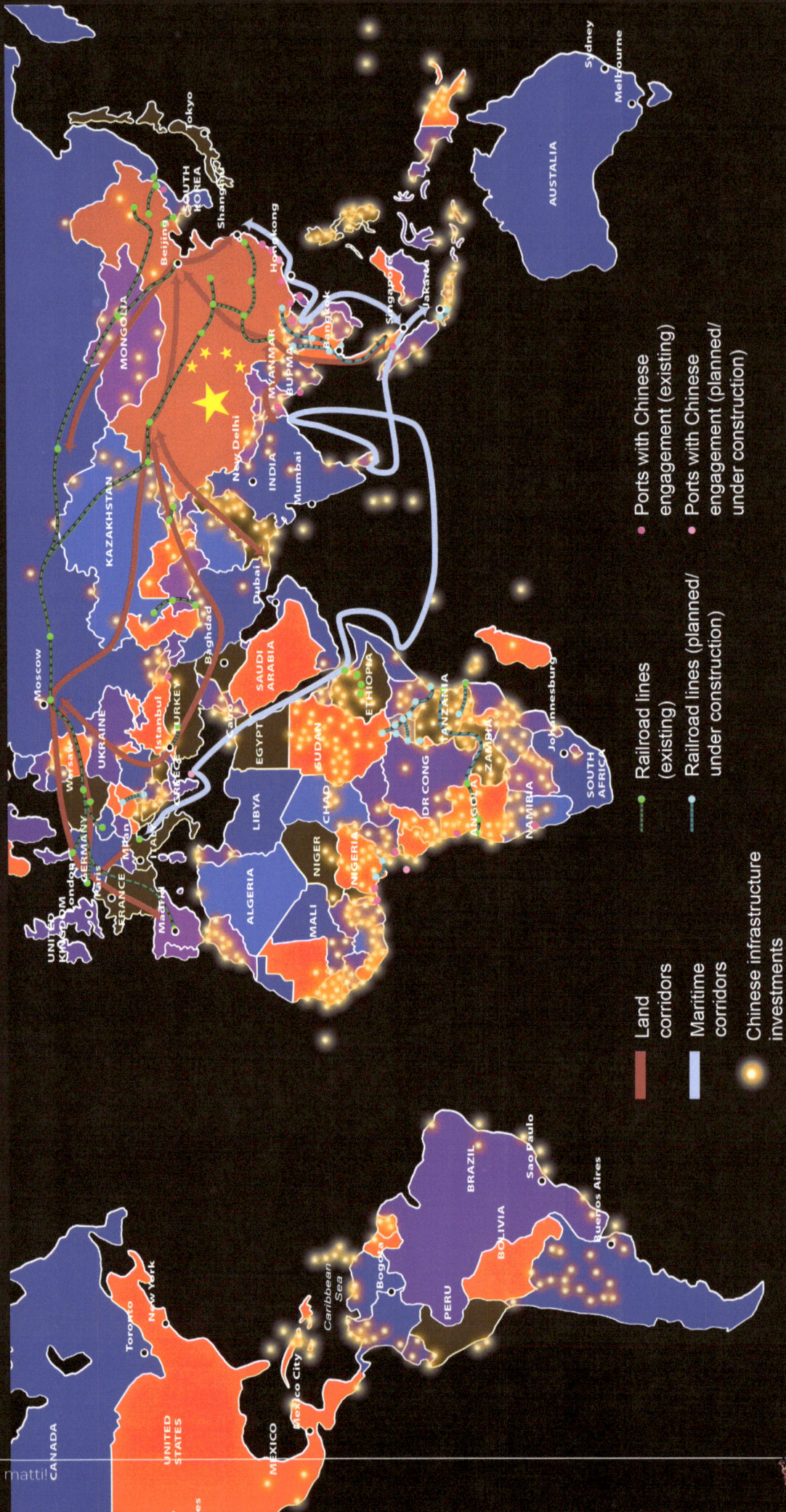

Map legend:

- **Ports with Chinese engagement (existing)**
- **Ports with Chinese engagement (planned/ under construction)**
- **Railroad lines (existing)**
- **Railroad lines (planned/ under construction)**
- **Land corridors**
- **Maritime corridors**
- **Chinese infrastructure investments**

Map labels: SOUTH KOREA, Tokyo, Shanghai, Beijing, Hong Kong, MONGOLIA, New Delhi, INDIA, Mumbai, KAZAKHSTAN, MYANMAR, BURMA, Bangkok, Singapore, Jakarta, AUSTRALIA, Sydney, Melbourne, Moscow, UKRAINE, Baghdad, Dubai, SAUDI ARABIA, Istanbul, TURKEY, GREECE, EGYPT, LIBYA, SUDAN, ETHIOPIA, TANZANIA, ZAMBIA, DR CONGO, ANGOLA, NAMIBIA, SOUTH AFRICA, Johannesburg, GERMANY, Paris, FRANCE, ITALY, UNITED KINGDOM, London, Warsaw, ALGERIA, MALI, NIGER, CHAD, NIGERIA, Madrid, CANADA, UNITED STATES, Toronto, New York, MEXICO, Mexico City, Caribbean Sea, Bogota, PERU, BOLIVIA, BRAZIL, Sao Paulo, Buenos Aires

Gods Must Be Crazy!

Conservative Estimate of Chinese Debt + Equity

Source: CHINA'S OVERSEAS LENDING, Sebastian Horn, Carmen Reinhart and Christoph Trebesch, KIEL WORKING PAPER NO. 2132)

Note: China's activities are secretive and captured only about 50% of total Chinese overseas loans.
Includes debt claims from direct lending, trade advances, FDI debt instruments and
portfolio holdings of foreign bonds and equity claims from foreign direct investment and
portfolio holdings of foreign equity instruments.

"La guerra è di vitale importanza per lo stato. E' materia di vita o di morte; è una scelta che può condurre alla salvezza o alla rovina. E' pertanto un argomento di studio e di riflessione che in nessun modo può essere trascurato".

L'Arte della Guerra di Sun Tzu (476 a.C.–221 a.C.)

In percent of recipient GDP

- 0 - 1%
- 1 - 5%
- 5 - 10%
- 10 - 20%
- >20%
- No Data

La Cina, il Regno di Mezzo, aspetta con impazienza che noi giochiamo male le nostre consuete carte vincenti per poter inviare i suoi cacciatori di taglie a riscuotere il piatto dagli Stati Uniti e da oltre un centinaio di altri Paesi[9]. Sotto l'egida del Governo, le imprese cinesi stanno effettivamente colonizzando il mondo tramite l'influenza finanziaria esercitata su questi Paesi che hanno intrappolato in una diplomazia della trappola del debito[10] da almeno 10.000 miliardi di dollari. Le ultime generazioni della Nuova Via della Seta[11] (Belt and Road Initiative) e di altri megaprogetti di infrastrutture ad alta tecnologia sono i primi esempi del cavallo di Troia cinese del 22° secolo. Alcune di queste diplomazie parassitarie e insostenibili di debito-trappola possono nascondere motivazioni egemoniche e sfide alla sovranità statale. Le sovranità degli stati vengono soverchiate per agevolare gli interessi geostrategici e le dimensioni militari della Cina.

"Rispetto allo scenario predominante della Cina nel commercio mondiale, quello relativo al suo ruolo nella finanza globale è poco compreso.... Le esportazioni di capitale della Cina costruiscono un nuovo registro di 5000 prestiti e sovvenzioni a più di 150 Paesi, 1949-2017. Si scopre che il 50% dei prestiti della Cina ai Paesi in via di sviluppo non è segnalato al FMI o alla Banca Mondiale. Questi "debiti nascosti" alterano la sorveglianza politica, i prezzi del rischio e le analisi sulla sostenibilità del debito. Poiché i prestiti cinesi all'estero sono quasi interamente ufficiali (controllati dallo stato), i classici fattori "push" e "pull" dei flussi privati transfrontalieri non possono essere valutati nella stessa maniera".

— Kiel Institute for the World Economy —
(Istituto Kiel per l'economia mondiale - 2020)

Stando alle stime del rapporto dell'istituto KIEL, a partire dal 2017, il totale dei crediti finanziari della Cina oltre i suoi confini è più dell'8% del PIL mondiale. La Cina detiene obbligazioni, e il tesoro da solo vale almeno il 7% del PIL degli Stati Uniti, il 10% del PIL tedesco, e il 7% del PIL del Regno Unito in ciascuno di questi Paesi. In effetti, nel complesso, la Cina ha un considerevole appiglio nell'Eurozona, pari al 7% del suo PIL (ciò equivale a 850 miliardi di dollari in obbligazioni).

La Cina può far leva su almeno 5 trilioni di dollari di crediti verso il resto del mondo, e la quota di Paesi che ricevono la "generosità" finanziaria della Cina ha quasi raggiunto l'80% dal 2017. Questo drammatico aumento non ha precedenti storici in tempo di pace ed è paragonabile al prestito degli Stati Uniti sulla scia della prima e della seconda guerra mondiale.

Purtroppo, queste cifre conservative del 2017 sono ormai obsolete, soprattutto considerando lo stato economico del mondo afflitto dalla pandemia di COVID-19. L'impatto del COVID-19 sull'accelerazione dei prestiti e degli investimenti della Cina è ancora tutto da valutare.

Un tempo, istituzioni americane come il Fondo Monetario Internazionale e la Banca Mondiale erano i grandi erogatori di prestiti del mondo. Il loro metodo di prestito garantiva la piena divulgazione e aveva un certo livello di trasparenza, etica e professionalità. Tale pratica era evidente soprattutto quando si negoziava con i governi corrotti e le milizie dei Paesi afflitti dalla maledizione delle risorse. Gli stati membri dell'Organizzazione per la Cooperazione e lo Sviluppo Economico (OCSE) nel Club di Parigi e altre rinomate istituzioni come il Fondo Monetario Internazionale (FMI) e la Banca Mondiale, prestavano denaro in modo più attento ai bisogni dei richiedenti e con prestiti a lungo termine. Molti dei prestiti del Club di Parigi fanno parte dell'Aiuto Pubblico allo Sviluppo come definito dall'OCSE e hanno una componente di sovvenzione a fondo perduto di almeno il 25%. I prestiti erogati hanno spesso scadenze fino a 30 anni e quasi nessun rischio di premio.

Si sa, inoltre, quanto la Cina sia coinvolta in accordi sottobanco con organi di Governo meno etici e milizie di Paesi già alle prese con una mancanza di risorse finanziarie. Per di più le banche statali cinesi di solito distribuiscono il denaro direttamente a un appaltatore cinese responsabile del progetto, piuttosto che al Governo beneficiario. In questo modo il cerchio si chiude: l'utilizzo di imprese appaltatrici cinesi, con manodopera e materiali cinesi, assicura un beneficio più significativo per la Cina e meno per il paese beneficiario.

Queste tattiche subdole e a circolo chiuso sono una forma di diplomazia della trappola del debito che mettono la Cina in condizione di impossessarsi rapidamente della proprietà dei beni. È un cavallo di Troia per la Cina, che guadagna la leva e può godere della colonizzazione finanziaria, ma lascia la responsabilità ai contribuenti del paese ospitante di pagare il conto per le generazioni a venire. Oggi, in totale, i 50 Paesi più indebitati sono in debito con la Cina, per un ammontare che si avvicina al 40% del debito estero dichiarato.

Il prestito ufficiale cinese è controllato dal partito comunista cinese, cioè dal Governo. Due terzi dell'attività di prestito è incanalata attraverso affiliati stranieri di banche cinesi in centri finanziari offshore. Pressoché impossibili da tracciare, questi prestiti sono protetti quasi esclusivamente da garanzie e sono fatti nella massima segretezza.

Gran parte dei prestiti sono a Paesi finanziariamente poveri ma ricchi di risorse, gestiti da una classe dirigente corrotta e inetta. Pertanto, gli interessi e i rimborsi del capitale sono spesso garantiti con le risorse di questi Paesi. A differenza dei tipici prestiti intergovernativi, questi contratti sono prestiti commerciali clandestini con clausole di arbitrato. Di conseguenza gli importi dei rimborsi, le inadempienze o le informazioni sulla ristrutturazione non sono di pubblico dominio.

Per esempio, negli anni '70, un boom di prestiti sindacati ha portato a un'ondata di crisi finanziarie nei primi anni '80. A quel tempo, le banche occidentali incanalarono una grande quantità di capitale straniero verso Paesi poveri ma ricchi di risorse in Africa, Asia e America Latina. C'è voluto più di un decennio per risolvere le depressioni economiche associate alla serie di insolvenze sovrane. Con una classe dirigente corrotta e senza molta trasparenza o supervisione, molti degli stessi Paesi sono ora predati dagli squali cinesi.

Vicini a raggiungere lo status pre-HIPC (Paesi poveri altamente indebitati), alcuni sono falliti anche prima che iniziasse il COVID-19. I Paesi maggiormente colpiti dal COVID-19, vale a dire l'America Latina e i territori africani più poveri, senza dubbio faticheranno a ripagare i prestiti alla Cina, o perderanno addirittura la capacità di farlo. La depressione economica si traduce in un crollo accelerato delle materie prime, e anche la produzione di risorse ne risente. Senza soldi e senza risorse, il futuro finanziario è desolante per coloro su cui la Cina ha una presa economica.

Sarà interessante vedere quale sarà la strategia di neo colonizzazione cinese post-COVID-19. Come recupererà quei prestiti sottobanco, firmati da una leadership corrotta, e pagati con risorse che ora si sono svalutate?

Gods Must Be Crazy!

Conservative Estimate of Chinese Direct Loans (2017)

Source: CHINA'S OVERSEAS LENDING, Sebastian Horn, Carmen Reinhart and Christoph Trebesch (KIEL WORKING PAPER NO. 2132)

Note: China's activities are secretive and captured only about 50% of total Chinese overseas loans. The debt estimates are based on loan-level data. They exclude Chinese portfolio debt holdings and short-term trade debt. GDP data is from the IMF World Economic Outlook.

In percent
of recipient GDP

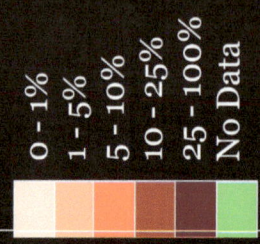

- 0 - 1%
- 1 - 5%
- 5 - 10%
- 10 - 25%
- 25 - 100%
- No Data

The Gods Must Be Crazy!
Characteristics of Chinese Loan

Source: CHINA'S OVERSEAS LENDING, Sebastian Horn, Carmen Reinhart and Christoph Trebesch(KIEL WORKING PAPER NO. 2132)

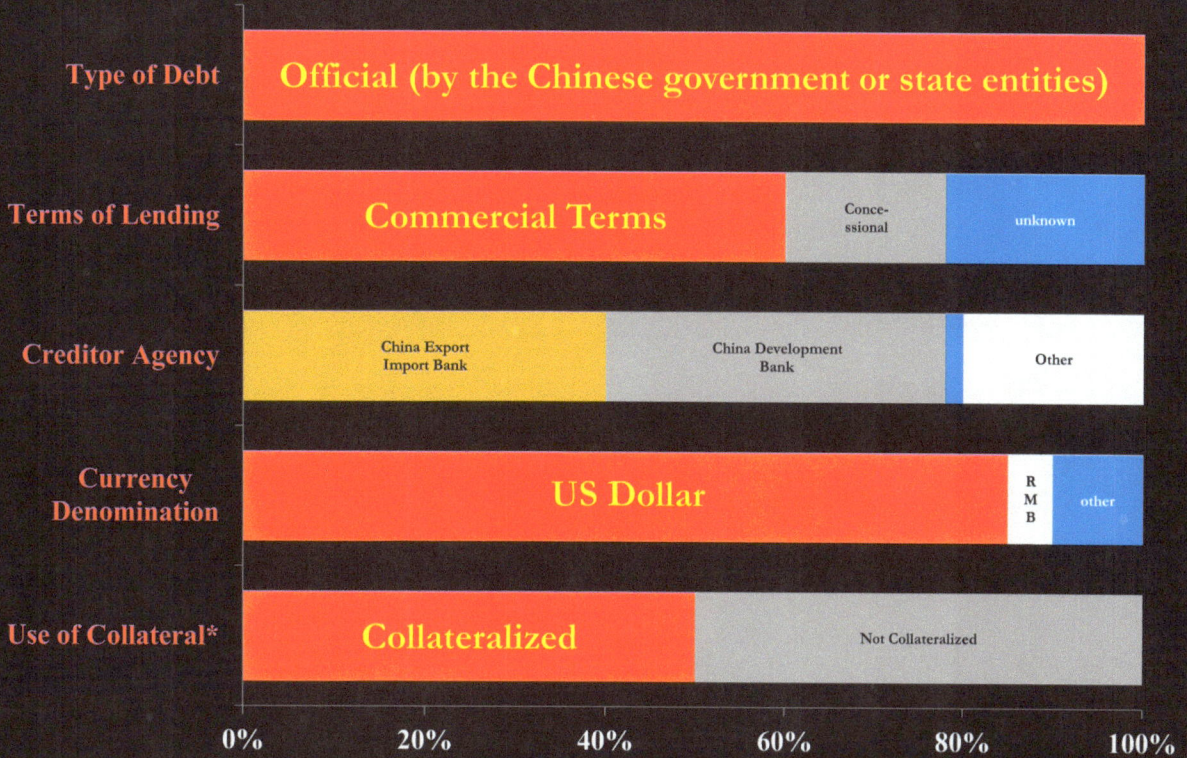

Type of Debt	Official (by the Chinese government or state entities)		
Terms of Lending	Commercial Terms	Concessional	unknown
Creditor Agency	China Export Import Bank	China Development Bank	Other
Currency Denomination	US Dollar	RMB	other
Use of Collateral*	Collateralized	Not Collateralized	

0%   20%   40%   60%   80%   100%

★ ★

Dopo la seconda guerra mondiale della metà del 1900, gli Stati Uniti **hanno donato** più dell'equivalente di *100 miliardi di dollari* (il PIL degli Stati Uniti era di 258 miliardi di dollari) distribuito equamente tra l'assistenza economica e tecnica per aiutare la ripresa dei Paesi europei. Il mondo intero è rifiorito grazie al Piano Marshall, e la pace e l'armonia hanno regnato per altri 75 anni. È giunto il momento di guidare la coalizione per stabilire nuovi piani Marshall[12] al fine di salvare i Paesi economicamente colonizzati dalla Cina.

> *"Non importa se il gatto è bianco o nero, l'importante è che acchiappi i topi".*
> Deng Xiaoping, leader supremo della Cina (1978 -1989)

Colonizzazione digitale

Negli ultimi settantacinque anni, le nostre imprese tecnologiche negli Stati Uniti hanno controllato una parte significativa dell'infrastruttura digitale del mondo. Tuttavia, la Cina sta estendendo la Nuova Via della Seta "Belt and Road Initiative" alla "Digital Silk Road" (DSR)[13]. La Cina ha firmato accordi specifici per la DSR con numerosi Paesi, e i suoi progetti relativi alle infrastrutture sono un sovvertimento che permette a Pechino di aumentare la sua influenza in tutto il mondo senza molta concorrenza. È la scappatoia digitale delle aziende tecnologiche cinesi per silurare le imprese occidentali. I produttori cinesi di apparecchiature di telecomunicazione, le società di infrastrutture di stoccaggio e di centri dati sono al posto di guida. La DSR fornirà anche corridoi economici e digitali per l'interpretazione delle esportazioni di sensori e piattaforme di dati delle smart city, che possono essere potenziali minacce alla sicurezza nazionale.

Gods Must Be Crazy!

China's Equity Investments(2017)

Source: CHINA'S OVERSEAS LENDING, Sebastian Horn, Carmen Reinhart and Christoph Trebesch (KIEL WORKING PAPER NO. 2132)

Note: This figure shows the geographic allocation of Chinese equity investments, consisting of foreign direct investment and Chinese portfolio holdings of equity instruments issued by non-residents.

Sources: American Enterprise Institute and IMF's Coordinated Portfolio Investment Survey (CIPS).

In percent of recipient GDP

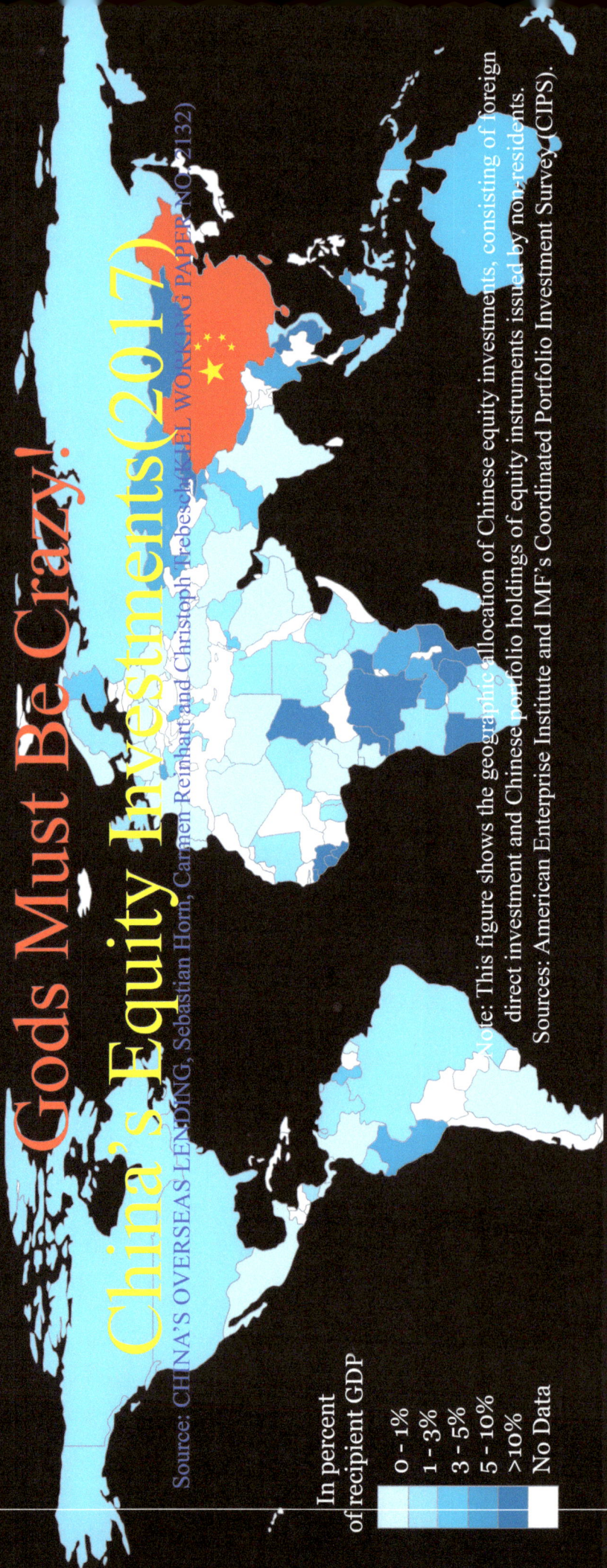

- 0 - 1%
- 1 - 3%
- 3 - 5%
- 5 - 10%
- >10%
- No Data

La Via della seta digitale (Digital Silk Road - DSR) cinese presenta quattro aspetti:

1. Le infrastrutture digitali come i data center e i cavi in fibra ottica consentono piattaforme tecnologiche futuristiche come IoT (Internet of Things), 5G e 6G.

2. Istituzioni internazionali che stabiliscono standard, regole e regolamenti sulle tecnologie emergenti.

3. Focus sulle tecnologie legate all'eCommerce come i sistemi di pagamento elettronico, le criptovalute e le zone digitali di libero scambio.

4. La strategia cinese di "Make Middle-Kingdom Great Again" (Rendere di nuovo grande il Regno di Mezzo) come parte dell'iniziativa "Made in China 2025".

Per raggiungere questo obiettivo, hanno investito pesantemente nel "Piano dei Mille Talenti"[14] (facendo tornare in patria espatriati[15] esperti in tecnologia di alto livello).

Gods Must Be Crazy!
Standing Credit Line at China's Central Bank

Source: CHINA'S OVERSEAS LENDING, Sebastian Horn, Carmen Reinhart, and Christoph Trebesch, KIEL WORKING PAPER NO. 2132)

Note: **This figure shows outstanding swap line agreements between China's central bank (PBoC) and foreign central banks.** Red shared countries have a standing credit line agreement with the PBoC as of 2017.

In total, China has agreements with more than 40 foreign central banks for drawing rights of 550 billion USD. The figure also considers the multilateral swap agreements within the so called Chiang Mai initiative and within the Contingent Reserve Arrangement of BRICS countries.

The Gods Must Be Crazy!
China's Investment Strategy

Source: CHINA'S OVERSEAS LENDING, Sebastian Horn, Carmen Reinhart and Christoph Trebesch(KIEL WORKING PAPER NO. 2132)

China's Global Infrastructure Footprint

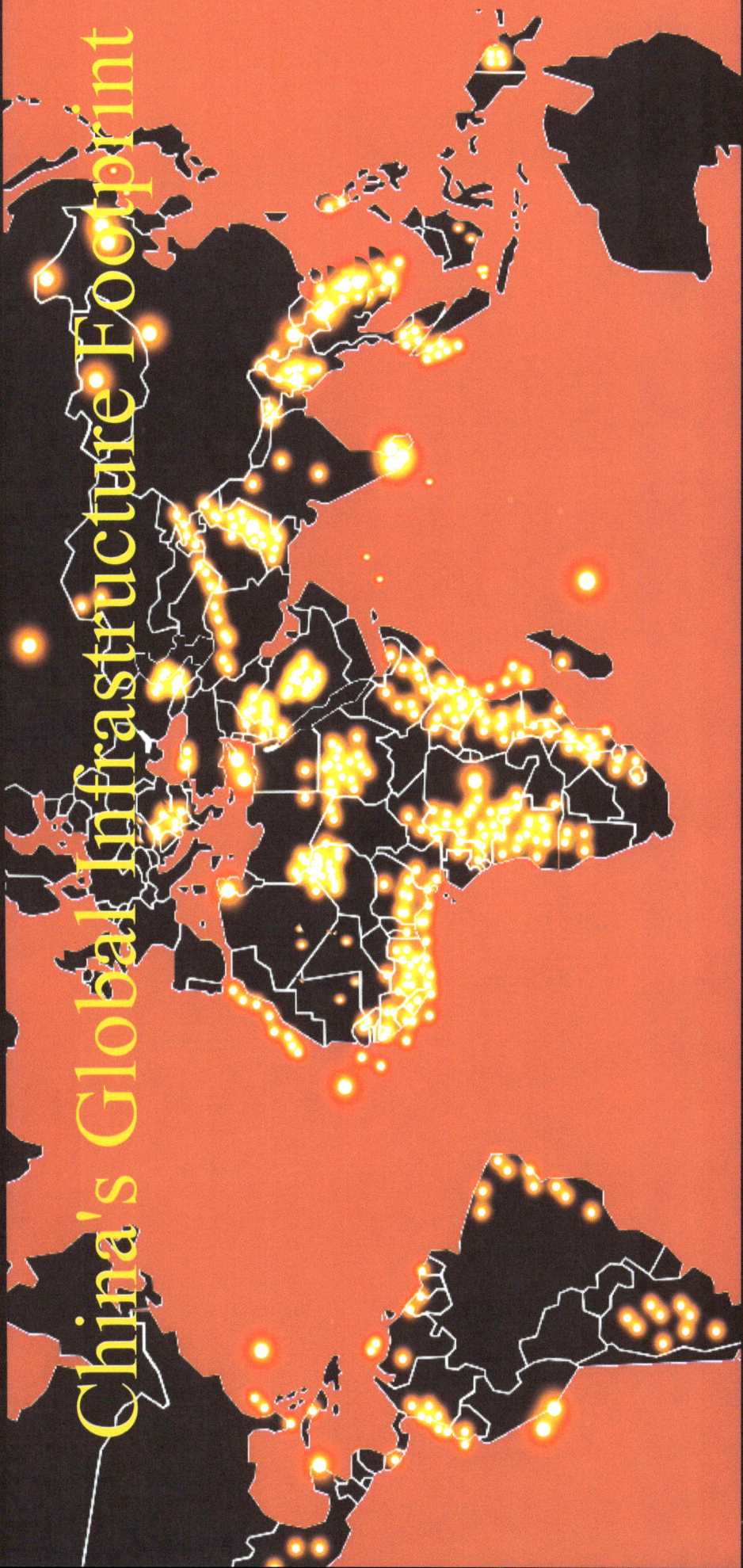

Le imprese quasi cinesi finanziate dallo Stato, come Huawei e ZTE, stanno costruendo la maggior parte delle infrastrutture digitali dell'Africa. I loro cavi in fibra ottica sono diventati la spina dorsale della connettività digitale dell'Asia centrale. La DSR darà al Partito Comunista Cinese (PCC) una leva sotto forma di kompromat[16] per manipolare i leader internazionali e le imprese critiche, ottenuta attraverso il loro accesso ai dati sensibili attraverso l'harvesting e le sostanziali capacità di analisi dei dati.

Questa struttura garantirà al PCC una massiccia sfera di influenza politica. Stabiliranno così regole e standard per l'esecuzione delle loro ideologie politiche e autoritarie senza riguardo per l'ospite, la sua popolazione di cittadini e la sua sovranità.

Le tecnologie cinesi invasive della privacy, come la tecnologia di riconoscimento facciale e lo spionaggio informatico, sono già ampiamente utilizzate in molti Paesi del mondo per la sorveglianza dei cittadini[17].

Oltre al commercio elettronico cinese, la DSR consente la telemedicina, la finanza via internet e le città intelligenti. L'aspetto più allarmante è che la DSR controllata dallo Stato può manipolare e raccogliere i dati dei suoi cittadini colonizzati attraverso il calcolo quantistico, l'intelligenza artificiale e altre tecnologie all'avanguardia[18]. Queste informazioni possono poi essere utilizzate a beneficio della Cina, non del popolo.

"Non capisci? I vietcong dicono, 'andate via, via'.
E significa 'fine' per tutti i bianchi in Indocina. Non importa se sei americano
o francese. 'Via' Vogliono dimenticarti. Guarda, Capitano. Guarda, questa è la
verità. In un uovo. [lo rompe facendo colare via l'albume] il bianco va via, ma il
giallo rimane!"

—————— Colono francese, "Apocalypse Now" (1979 Francis Ford Coppola film) ——————

Competitività

La Nuova Via della Seta si prefigge come scopo primario di estendere la sfera di influenza e gli investimenti della Cina in Asia attraverso progressi infrastrutturali come "One Belt, One Road" (OBOR) e istituzioni come la Banca Asiatica d'Investimento per le Infrastrutture (Asian Infrastructure Investment Bank - AIIB). L'AIIB, controllata dalla Cina, ha il più alto tasso di credito tra le tre maggiori agenzie di rating del mondo[19]. Nel 2015 l'investimento iniziale di questa istituzione con sede a Pechino era almeno equivalente a due terzi del capitale della Banca asiatica di sviluppo. L'investimento iniziale dell'AIIB è anche circa la metà di quello della Banca Mondiale. L'AIIB costituisce una minaccia diretta alle fondamenta della Banca Mondiale e del Fondo Monetario Internazionale create dagli americani.

Nel 1960, l'economia statunitense rappresentava circa il 40% del PIL mondiale. Ora è meno del 15% a "parità di potere d'acquisto" (PPA), secondo le stime del FMI 2020. Nel frattempo il PIL della Cina a PPA è del 20% e continua a crescere[20]. Il PIL della Cina si è moltiplicato di circa quindici volte negli ultimi trent'anni, al contrario del PIL degli Stati Uniti che è semplicemente raddoppiato. Intanto i debiti interni non finanziari degli Stati Uniti stanno salendo alle stelle, con cifre che si aggirano attualmente attorno ai 80 trilioni di dollari, mentre il bilancio federale statunitense conta oramai 7 trilioni di dollari di debito insostenibile.

*"La perdita di reddito sostenuta dal settore privato –
e qualsiasi debito accumulato per colmare il divario – deve alla fine essere
assorbita, in tutto o in parte, dai bilanci pubblici. Livelli di debito pubblico molto
più elevati diventeranno una caratteristica permanente delle nostre economie e
saranno accompagnati dalla cancellazione del debito privato".*

Mario Draghi,
Ex presidente della Banca Centrale Europea

The Gods Must be Crazy!
The Crocodile from the Yangtze
IMF 2018 GDP in PPP (Trillion $)

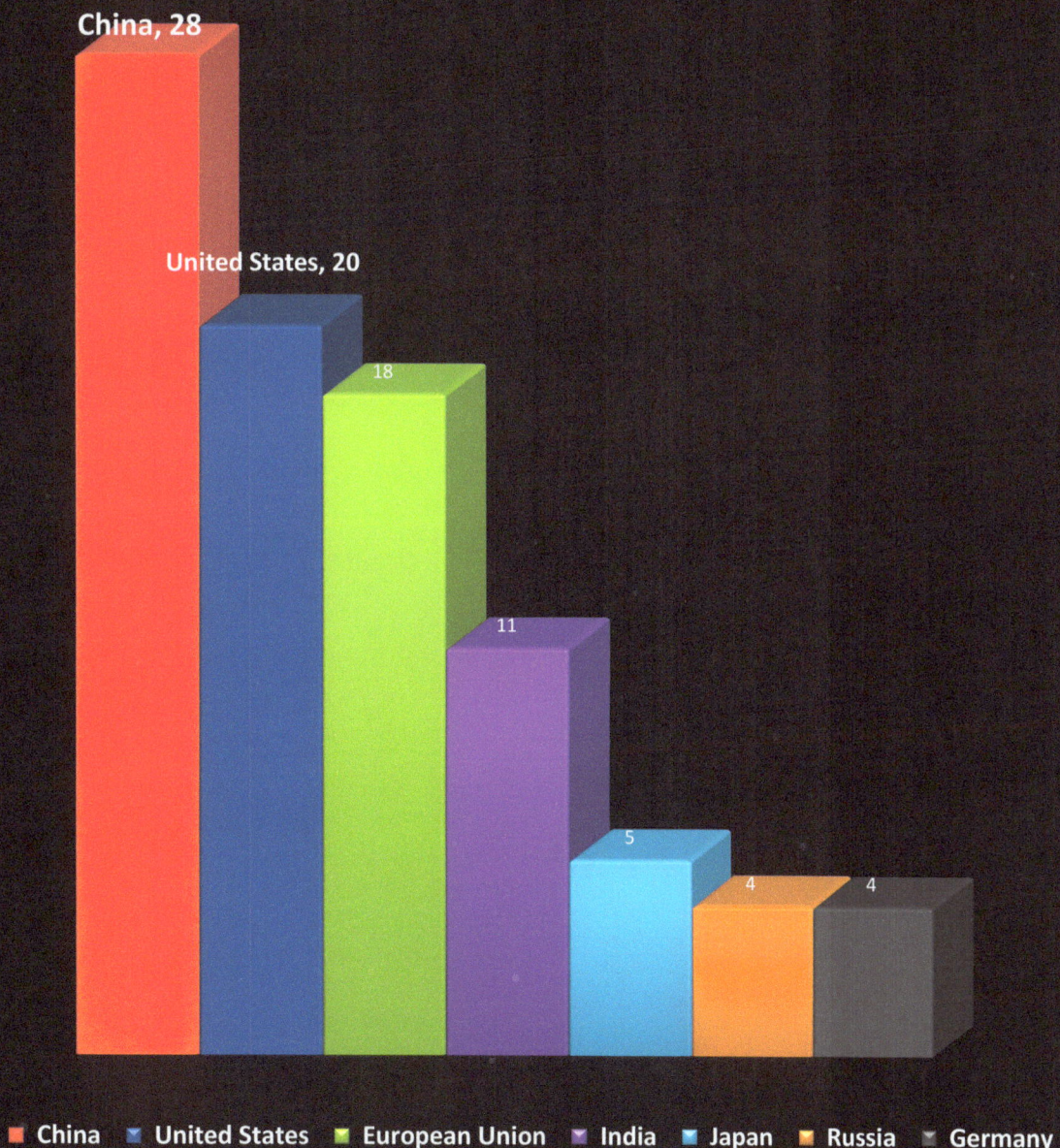

China, 28

United States, 20

18

11

5

4

4

■ China ■ United States ■ European Union ■ India ■ Japan ■ Russia ■ Germany

www.ERMMavericks.com

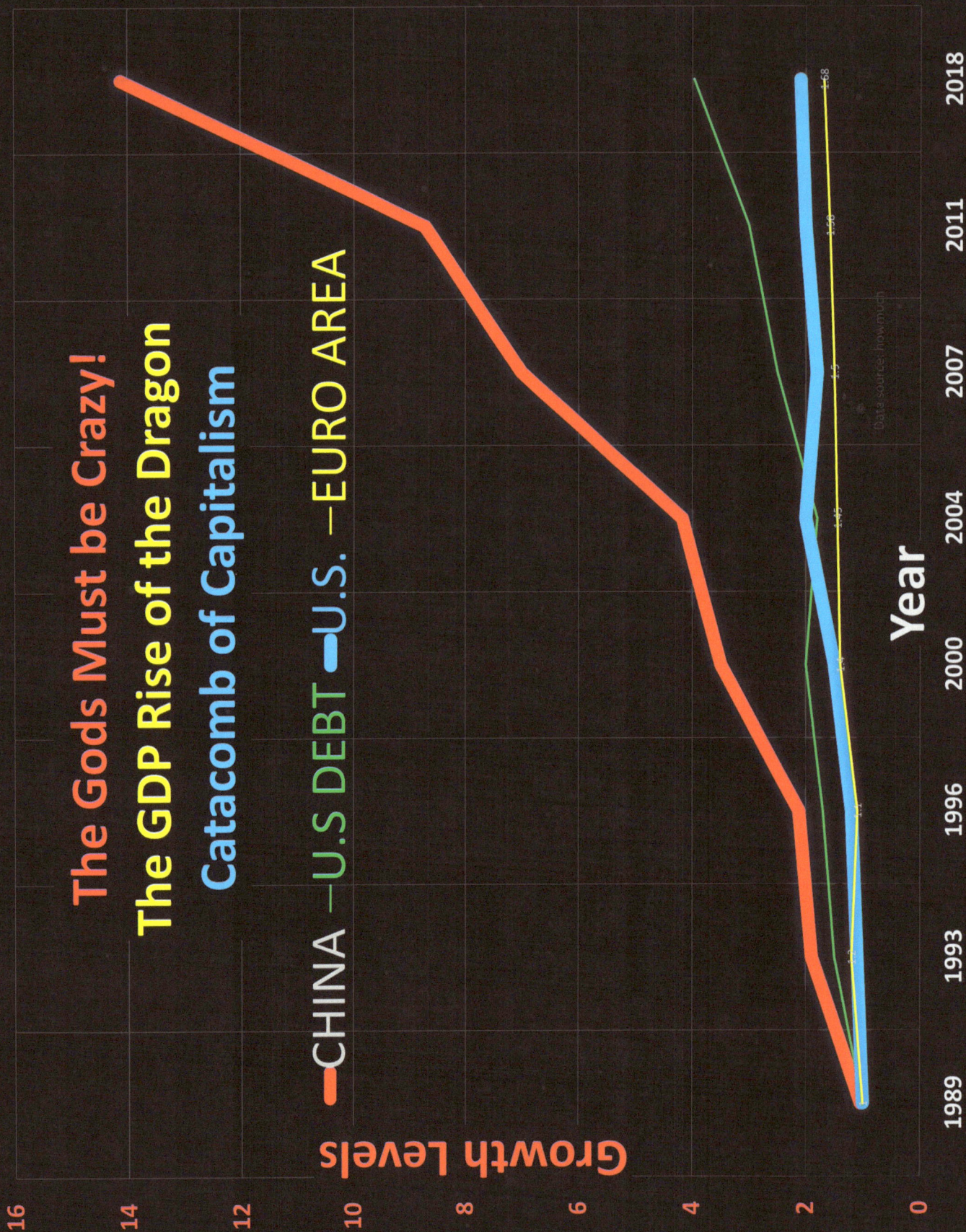

The Gods Must be Crazy!
The GDP Rise of the Dragon
Catacomb of Capitalism

CHINA U.S DEBT U.S. EURO AREA

Growth Levels

Year

1989 1993 1996 2000 2004 2007 2011 2018

0 2 4 6 8 10 12 14 16

Data source: how much

Per aggiungere al danno la beffa, oltre alla già significativa frustrazione associata alla penosa attuazione delle misure di contenimento del COVID-19, una delle conseguenze finanziarie del Coronavirus è stata l'accelerazione del processo di spostamento della ricchezza verso la cima della piramide. Questo tracollo della solvibilità finanziaria globale potrebbe portare a rivolte e anarchia locali imprevedibili, come quelle a cui ho assistito davanti a casa mia a Chicago; ma potrebbe pure innescare guerre civili globali. Questi eventi internazionali potrebbero diventare molto più radicali di quelli registrati nel 2020 e potrebbero, alla fine, avere un profondo impatto sulle fondamenta delle imprese di tutto il mondo. Nel contempo le imprese cinesi stanno scavalcando le vecchie guardie occidentali.

Sicurezza Nazionale

Nel 2017 abbiamo sperperato denaro in attrezzature militari preistoriche e in un corpo militare altamente dispendioso, laddove l'esercito cinese ha speso solo l'87% del budget della difesa rispetto agli Stati Uniti[21]. Hanno speso saggiamente e strategicamente per eliminarci al più presto, a partire dal loro territorio nella zona Asia-Pacifico. La Cina ha più di due milioni di militari in servizio attivo (contro 1 milione degli Stati Uniti), otto milioni di militari di riserva (contro gli 800 mila degli Stati Uniti), e più di 385 milioni di truppe aggiuntive disponibili per l'esercito (contro i 73 milioni degli Stati Uniti). Mentre i cinesi hanno studiato intelligentemente tutte le caratteristiche degli Stati Uniti, i cittadini americani sono per lo più ignoranti del mondo al di fuori dei confini della loro nazione, a parte gli aeroporti e le trappole turistiche di lusso. La popolazione degli Stati Uniti è esposta all'intrappolamento all'interno della propria torre d'avorio fortificata e delle zone verdi con un "grande, grandissimo, bellissimo muro[22,23]" pesantemente blindato.

Il sistema sanitario degli Stati Uniti è concepito male, socialmente irresponsabile, frammentato, malsano, e detiene il podio mondiale degli sperperi sanitari (quasi 5.000 miliardi di dollari all'anno). Il settore è gestito da una cricca di "cartelli medici"[24]. I banditi del settore farmaceutico e sanitario hanno speso cinque miliardi di dollari in lobby dal 1998. Come ha rivelato il COVID-19, anche in base al Defense Production Act presidenziale, siamo ostaggio della Cina per la produzione delle nostre mascherine 3M e dei dispositivi di protezione individuale di base (DPI).

"Negli Stati Uniti nel 90% di tutte le ricette mediche vengono prescritti farmaci generici, e una su tre delle pillole consumate è prodotta da un fornitore indiano di farmaci generici. L'India ottiene dalla Cina circa il 68% dei propri ingredienti farmaceutici attivi (API)".

Aprile 2020 studio della KPMG e della
Confederazione d'industria indiana (CII)

New Confirmed COVID-19 Cases per Day, normalized by population

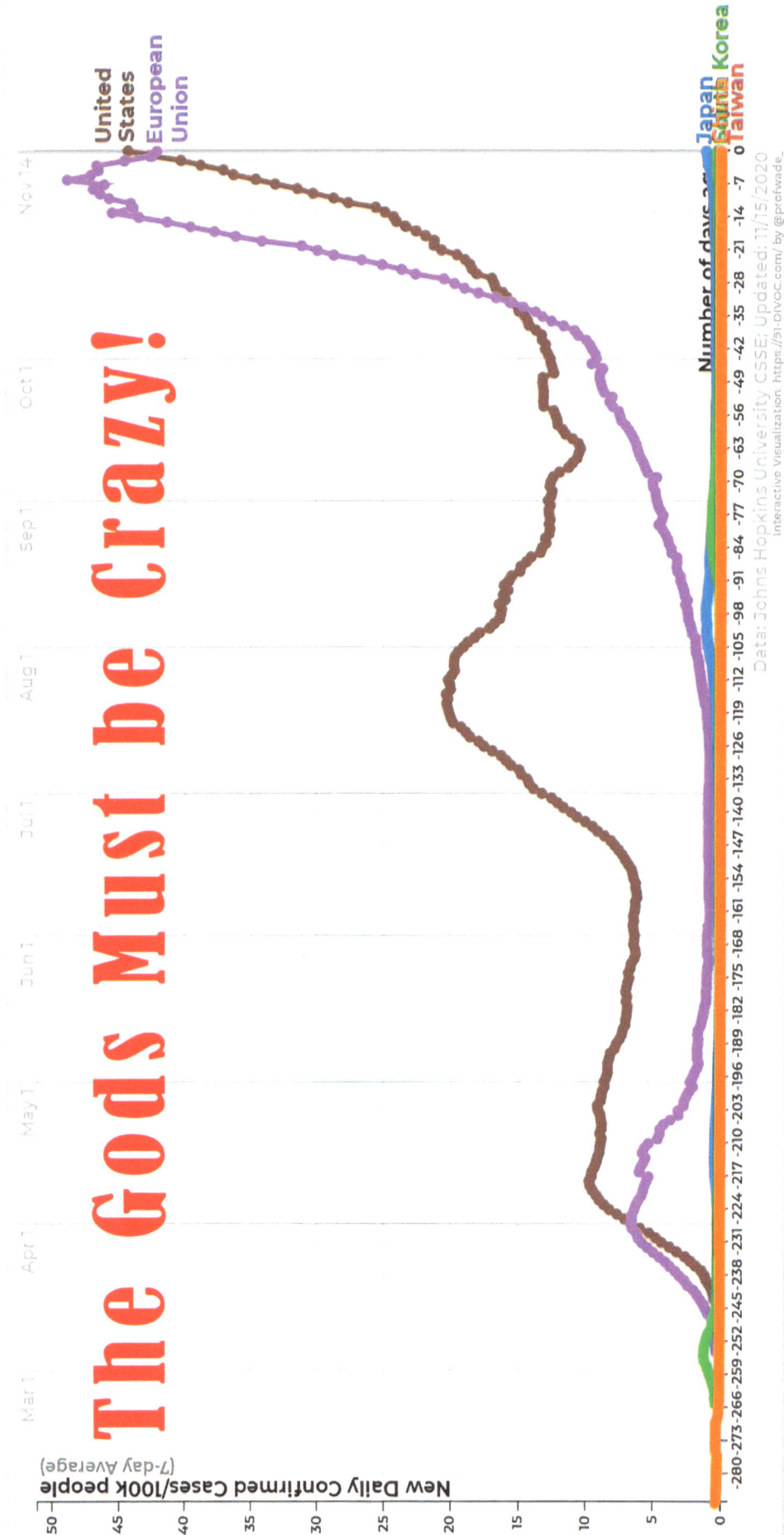

The Gods Must be Crazy!

New Daily Confirmed Cases/100k people (7-day Average)

United States
European Union
Japan
China
Korea
Taiwan

Number of days

Mar 1, Apr 1, May 1, Jun 1, Jul 1, Aug 1, Sep 1, Oct 1, Nov 14

-280 -273 -266 -259 -252 -245 -238 -231 -224 -217 -210 -203 -196 -189 -182 -175 -168 -161 -154 -147 -140 -133 -126 -119 -112 -105 -98 -91 -84 -77 -70 -63 -56 -49 -42 -35 -28 -21 -14 -7 0

50, 45, 40, 35, 30, 25, 20, 15, 10, 5, 0

Data: Johns Hopkins University CSSE; Updated: 11/15/2020
Interactive Visualization https://91-DIVOC.com/ by @profwade_

The Gods Must be Crazy!
The STEM Graduates

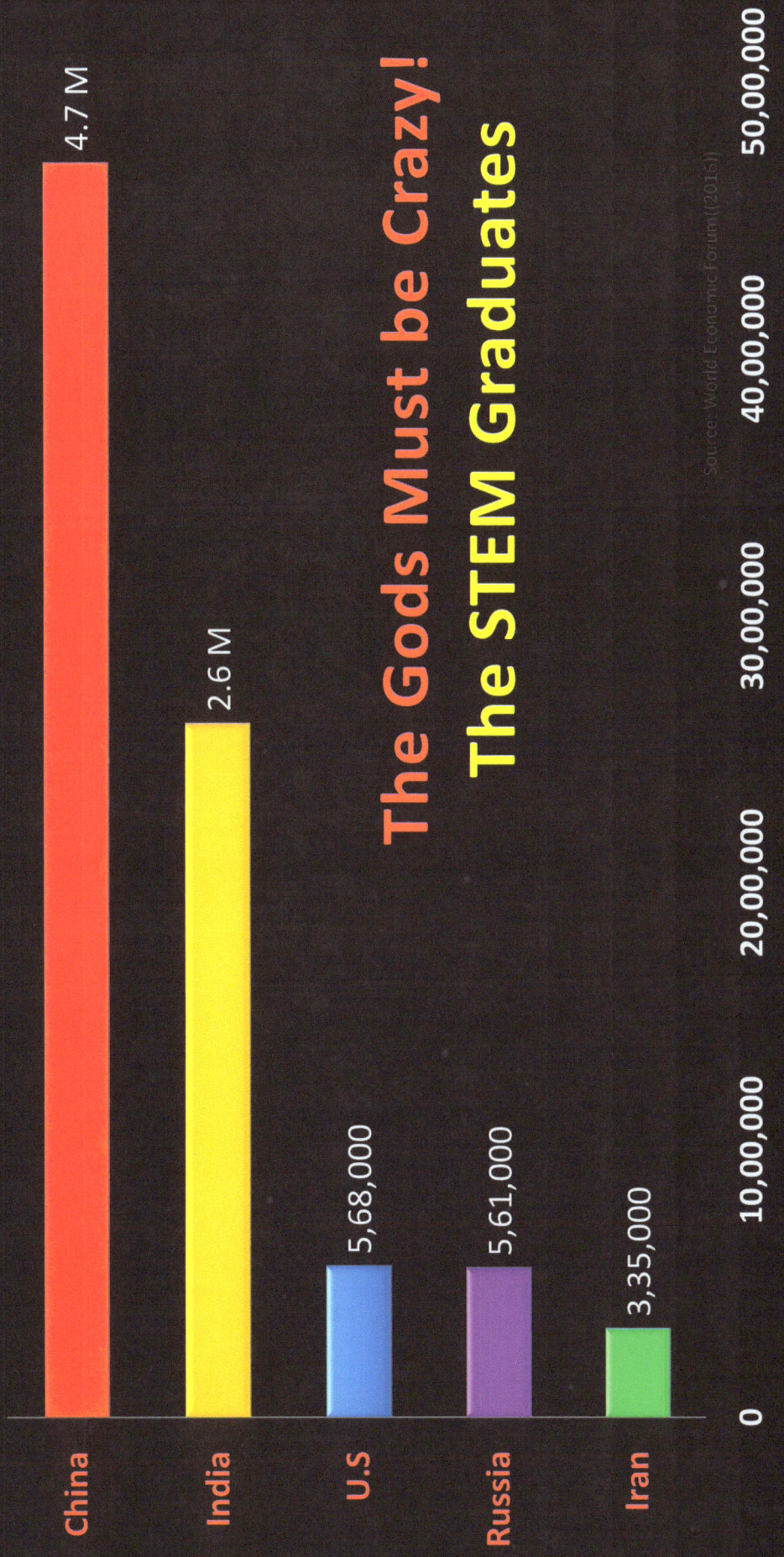

Country	STEM Graduates
China	4.7 M
India	2.6 M
U.S	5,68,000
Russia	5,61,000
Iran	3,35,000

Axis: 0 · 10,00,000 · 20,00,000 · 30,00,000 · 40,00,000 · 50,00,000

Source: World Economic Forum((2015))

Conoscenze avanzate

Secondo l'OCSE, gli Stati Uniti sovvenzionano più spese superflue dei propri college rispetto a ogni altro paese. Questa decadenza, come "la mania per gli sport atletici" senza alcun ritorno sull'investimento, è dovuta spesso proprio al valore educativo[25]. Purtroppo gli Stati Uniti laureano un numero significativamente inferiore di ingegneri ogni anno rispetto alla Cina o anche all'India. La Cina ha passato 35 anni a costruire un sistema di brevetti. Secondo la "United Nations World Intellectual Property Organization" (WIPO), i cinesi hanno depositato quasi la metà dei brevetti globali nel 2018, registrando 1,54 milioni di applicazioni (contro meno di 600.000 da parte degli Stati Uniti), con in testa le telecomunicazioni e la tecnologia informatica.

Dal 2017 al 2018, gli Stati Uniti hanno inviato oltre 11.000 studenti in Cina[26] per l'istruzione di livello inferiore. In compenso gli studenti cinesi costituivano più del 30% di tutti gli studenti internazionali che studiavano negli Stati Uniti (363.000 studenti) per master ad alta tecnologia, dottorati e altro nelle nostre prestigiose istituzioni. La Cina costruiva una nuova università ogni settimana e il 40% si è laureato in una materia STEM nel 2013, il doppio degli standard statunitensi. Secondo queste stime, il numero di laureati cinesi in discipline STEM aumenterà di circa il 300% entro l'anno 2030.

Il sapere evoluto è stato storicamente il fattore trainante della crescita e del declino degli imperi e delle loro imprese. Le conoscenze sono il fondamento di una comunità, e alimentano la maggior parte dei settori. Secondo il rapporto PISA 2015, gli Stati Uniti si sono costantemente posizionati in basso, al 15° percentile della classifica del mondo sviluppato[27]. Un'istruzione inferiore alla media porta a una mancanza di opportunità e a una società iniqua. Questo tipo di disparità di trattamento può portare a disordini civili, causando gravi danni all'economia e alle sue imprese.

Il risultato è che un adulto americano su tre è stato arrestato entro i 23 anni. Mentre gli Stati Uniti rappresentano circa il 4,4% della popolazione mondiale, un prigioniero su cinque del mondo è incarcerato negli Stati Uniti. *Gli uomini neri hanno sei volte più probabilità di essere imprigionati rispetto agli uomini bianchi*[28]. Queste statistiche infelici sono la causa di proteste e rivolte che si verificano su base costante.

> ### *Se vogliamo insegnare la vera pace in questo mondo, dovremo cominciare dai bambini*
> Mahatma Gandhi

Sistema capitalistico

Il pesce puzza dalla testa. Il 21 gennaio 2010, la Corte Suprema degli Stati Uniti ha emesso una decisione in merito al caso Cittadini Uniti che ha piantato l'ultimo chiodo sulla bara del sistema capitalistico di Roosevelt. Il verdetto sul caso Cittadini Uniti ha spalancato la porta a contributi elettorali illimitati da parte delle società. La maggior parte di questi contributi sono stati destinati al finanziamento delle elezioni, ma il loro valore non è stato ancora raggiunto. La sentenza Citizens United ha spalancato la porta a contributi elettorali illimitati da parte delle società. La maggior parte di questi contributi vengono destinati a gruppi segreti conosciuti come super PAC (Comitati d'Azione Politica)[29].

Gli intrallazzi perpetrati nella nostra palude (Washington D.C.) e a Wall Street permettono sgravi fiscali, salvataggi e bonus ai dirigenti aziendali che soffocano la gallina dalle uova d'oro (le loro imprese) tramite riacquisti di azioni e ingegneria finanziaria estrema. Dal 2009 al 2019 la American Airlines ha sborsato 13 miliardi di dollari in riacquisti di azioni, mentre il suo flusso di cassa libero per lo stesso periodo era negativo. Tutti e sei i principali vettori aerei hanno investito 47 miliardi di dollari dei 49 miliardi generati in riacquisti di azioni nello stesso periodo[30]. Ancora oggi i contribuenti ignari continuano a salvare dall'insolvenza questi individui e il giochetto dell'ingegneria finanziaria fa presto a far fruttare la situazione, trasformando il disastro in un guadagno.

"I capitalisti ci venderanno la corda con cui li impiccheremo".

Vladimir Ilyich Lenin

Nel frattempo il Governo cinese investe trilioni di dollari in ricerca e sviluppo, nuove fabbriche, educazione della forza lavoro e finanziamenti al fine di rovistare in mezzo ai rifiuti degli angeli caduti d'occidente (le nostre imprese in difficoltà finanziarie). In questi tempi turbolenti, anche i fondi avvoltoio del Governo dell'Arabia Saudita sono in fermento - offrono shopping tour, si accaparrano quote delle società "gioielli della corona dell'innovazione degli Stati Uniti" per pochi milioni di dollari. Questa caccia alle balene include il nostro secondo più grande contractor di progetti in ambito difesa: Boeing, il quale, in un decennio, ha speso 43 miliardi di dollari dei suoi 58 miliardi di dollari di incassi per il riacquisto di azioni[31]. I nostri saggi leader stanno vendendo questo paese per un pugno di dollari. È una questione di sicurezza nazionale. Fanno finta di non vedere tutto il marcio e distraggono l'elettorato ignorante gettando loro gli avanzi.

"I buyback sono l'esempio principale di una crescente propensione all'incompetenza diffusa tra gli amministratori delegati e i consigli di amministrazione".

"Oggi, nell'economia reale, la gente è stata spazzata via. Attualmente i ricchi amministratori delegati non vengono toccati, neanche i consigli di amministrazione che hanno una governance orribile, ma le persone sì".

"Quello che abbiamo fatto è stato sostenere in modo sproporzionato gli amministratori delegati e i consigli di amministrazione con scarso rendimento, ma dovremmo invece togliere di mezzo questa gente".

*"Solo per essere chiari su coloro di cui stiamo parlando.
Stiamo parlando di un fondo speculativo che va a beneficio esclusivo di un gruppo di aziende familiari miliardarie.*

Poco male, si consoleranno andando a passare l'estate nel lusso degli Hamptons!"

"Sarebbe stato meglio che la Fed avesse dato mezzo milione ad ogni uomo, donna e bambino negli Stati Uniti".

Chamath Palihapitiya intervistato dalla CNBC
(Investitore miliardario ed ex vicepresidente di Facebook per la crescita degli utenti)

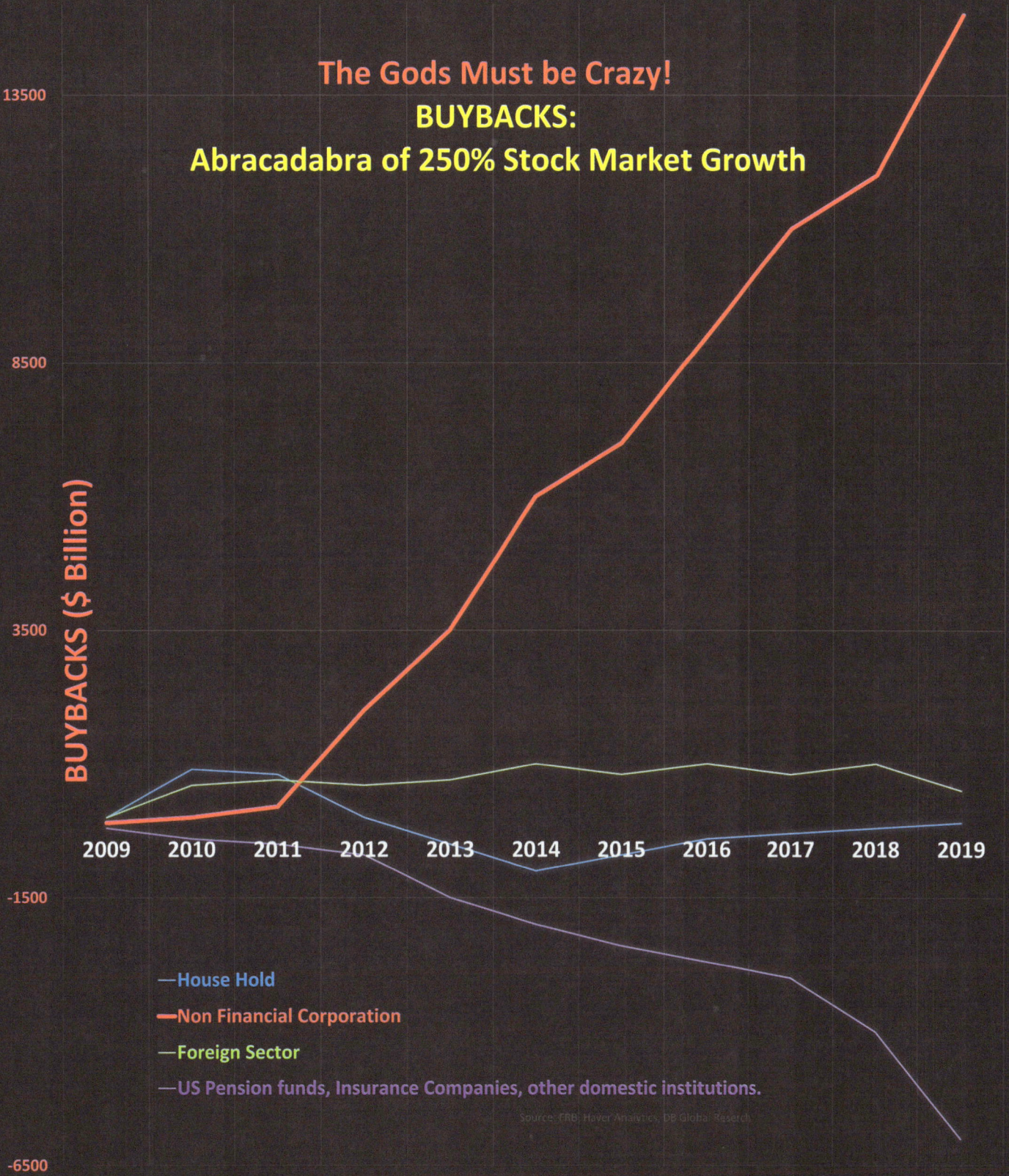

The Gods Must be Crazy!
BUYBACKS:
Abracadabra of 250% Stock Market Growth

BUYBACKS ($ Billion)

13500

8500

3500

-1500

-6500

2009 2010 2011 2012 2013 2014 2015 2016 2017 2018 2019

—House Hold
—Non Financial Corporation
—Foreign Sector
—US Pension funds, Insurance Companies, other domestic institutions.

Source: FRB, Haver Analytics, DB Global Reserch

The Gods Must be Crazy!
BUYBACKS: The Accounting Gimmick!
Catacomb of Capitalism?

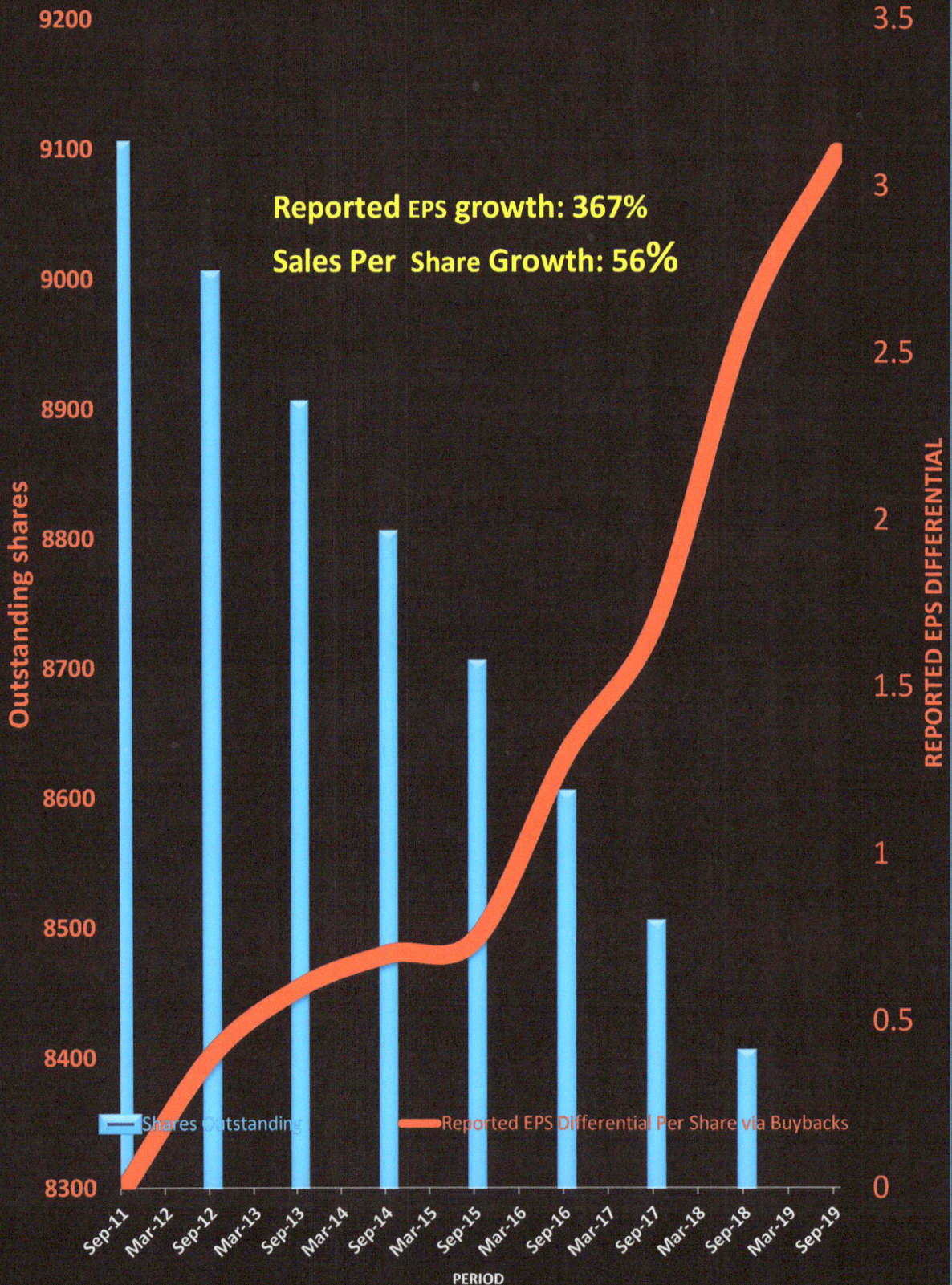

Reported EPS growth: 367%

Sales Per Share Growth: 56%

Shares Outstanding   Reported EPS Differential Per Share via Buybacks

Outstanding shares

REPORTED EPS DIFFERENTIAL

PERIOD

Source Data: Real Investm

Sistema basato sulle élite

La causa principale dell'odierno divario della ricchezza risiede nell'ingegneria finanziaria delle nostre élite e delle banche centrali, specialmente dopo il crollo economico del 2008. La parte del leone l'ha fatta il padre indiscusso dell'esuberanza irrazionale, Alan Greenspan, ex presidente della Federal Reserve degli Stati Uniti, dal 1987 al 2006. La politica monetaria basata sui tassi d'interesse, l'elicottero monetario per mezzo dell'allentamento quantitativo (Quantitative easing - QE), e l'acquisto di attività finanziarie sono i primi esempi. Il denaro preso in prestito era gratuito o a buon mercato e utilizzato per i buyback, fusioni e acquisizioni (M&A), e varie prodezze di ingegneria finanziaria. Questo scenario ha portato a una crescita del mercato azionario di oltre il 250% nell'ultimo decennio.

Sfortunatamente solo pochi privilegiati hanno avuto accesso al denaro gratuito o a buon mercato descritto nella parte rossa del grafico. Nonostante la percolazione dall'alto verso il basso (trickle-down), la stragrande maggioranza (*vedi la minuscola parte gialla del grafico*) ha svalutato la sua fetta di torta. Poche élite hanno effettivamente privatizzato i profitti e socializzato le tasse e gli interessi passivi per gli anni a venire. Quando la Cina manderà i propri incaricati del recupero crediti, lo farà nei confronti della maggioranza dei contribuenti bloccati nell'inferno dei pignoramenti, non verso le élites avvedute nei loro paradisi fiscali[32].

Gli Stati Uniti sono l'unico tra i Paesi sviluppati nel quale, negli ultimi tre decenni, la metà meno abbiente della popolazione ha sperimentato una diminuzione del reddito medio. Il presidente Trump ha approfittato della reazione negativa e della disperazione della classe operaia bianca nelle elezioni del 2016. Oltre a versare sangue prezioso, l'America ha bruciato più di 5 trilioni di dollari combattendo guerre religiose tribali nei deserti del Medio Oriente, le quali hanno reso estremamente ricca solo una cerchia ristretta di persone. Ogni cittadino della metà meno abbiente della popolazione avrebbe potuto ricevere un assegno di 30.000 dollari se queste guerre fossero state evitate. Al contrario, la metà più povera della Cina ha vissuto i tre decenni più importanti degli ultimi 3000 anni. Circa 800 milioni di cinesi sono stati liberati dalla povertà. Diversamente dalle milioni di famiglie della classe media statunitense che, finite alla base della piramide sociale, sopravvivono grazie ai buoni pasto e altri aiuti governativi.

Roosevelt creò una società meritocratica che divenne uno Zamindar[33] plutocratico i cui tentacoli si estendevano in profondità. Mentre la Cina è gestita dai migliori ingegneri e si sta muovendo verso il sistema meritocratico, i nostri leader approfittano dell'insoddisfazione dei bassifondi e vincono le elezioni gettando in pasto a quegli elettori gli avanzi. Il sistema cinese non può cambiare il partito comunista, ma il partito può cambiare strategicamente le politiche per trarre vantaggio dai migliori interessi a lungo termine del paese. Negli Stati Uniti, possiamo cambiare partito ogni metà mandato o ciclo elettorale quadriennale; eppure, purtroppo, rimaniamo bloccati con le antiquate politiche "Seppuku" (N.d.T.: antico rituale di suicidio giapponese, chiamato, erroneamente, anche Hara Kiri) di poche lobby con interessi specifici. Il sistema capitalistico etico e morale, basato sulle regole sancite dai Roosevelt, ha costruito un serbatoio di buona volontà in patria e all'estero negli ultimi settantacinque anni. Attualmente gli Stati Uniti stanno raschiando il fondo del barile, sia in patria che all'estero, con le loro politiche draconiane a breve termine.

La forma radicale ortodossa di capitalismo praticata oggi da ingegneri finanziari selvaggi porta a trappole del debito, che contribuiscono alla colonizzazione economica, al populismo, all'imperialismo, al fascismo, alle rivolte, alle sommosse, alle rivoluzioni, alle guerre, ai conflitti e anche all'anarchia. Come abbiamo sperimentato nelle elezioni primarie americane, i candidati presidenziali come Bernie Sanders ed Elizabeth Warren e altri predicheranno senza successo il socialismo (ricchezza ridistribuita preservando la democrazia).

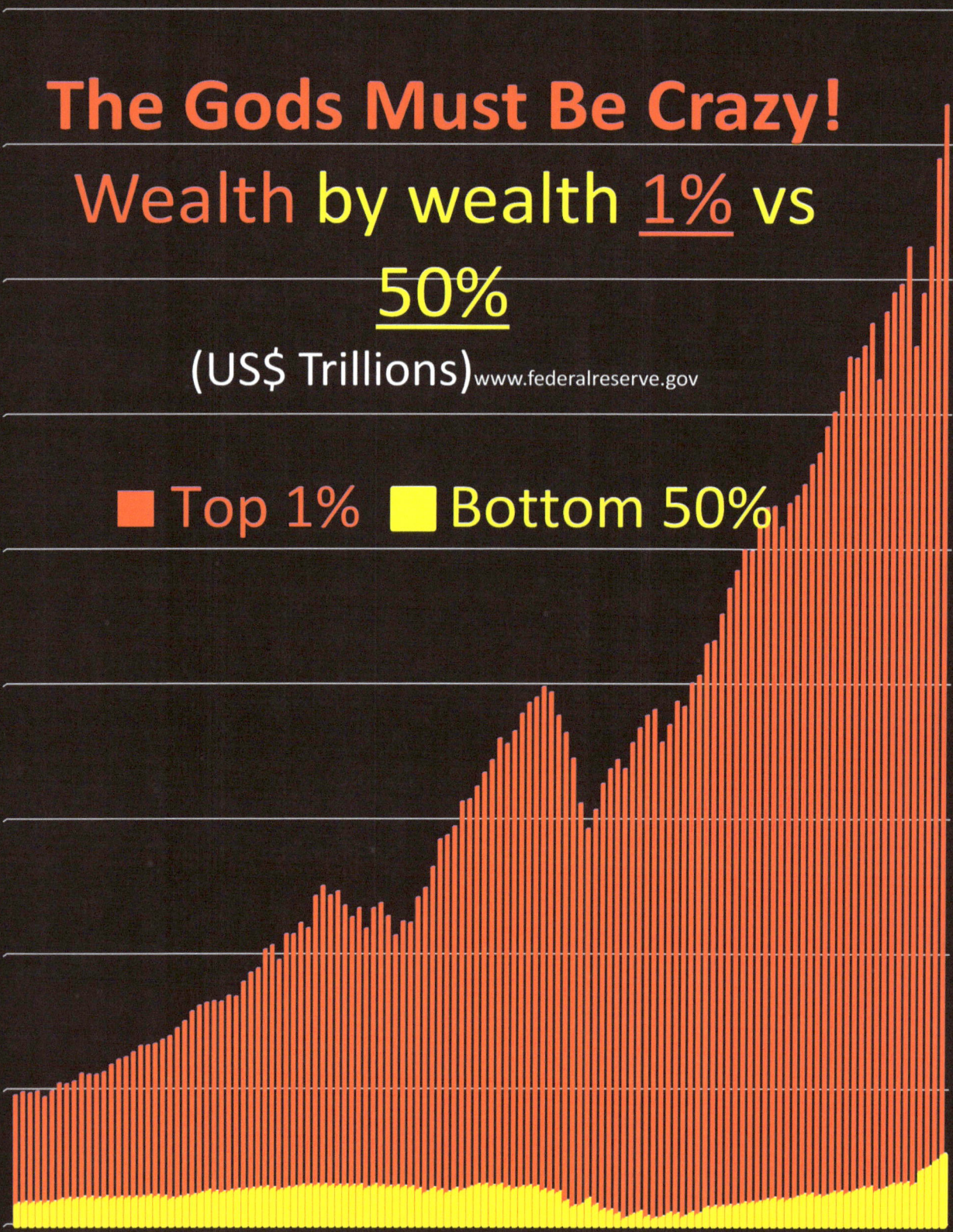

The Gods Must Be Crazy!
Wealth by wealth 1% vs 50%
(US$ Trillions) www.federalreserve.gov

■ Top 1%   ■ Bottom 50%

45
40
35
30
25
20
15
10
5
0

1990:Q2 1991:Q2 1992:Q2 1993:Q2 1994:Q2 1995:Q2 1996:Q2 1997:Q2 1998:Q2 1999:Q2 2000:Q2 2001:Q2 2002:Q2 2003:Q2 2004:Q2 2005:Q2 2006:Q2 2007:Q2 2008:Q2 2009:Q2 2010:Q2 2011:Q2 2012:Q2 2013:Q2 2014:Q2 2015:Q2 2016:Q2 2017:Q2 2018:Q2 2019:Q2 2020:Q2

Alcuni ideologi di estrema sinistra, scoraggiati, ricorreranno al comunismo (dividendo la maggior parte della ricchezza quasi equamente), come testimoniato in Venezuela, Zimbabwe e Corea del Nord. In maniera più preoccupante, molti nello spettro di destra diventeranno milizie fasciste (capitalismo autocratico controllato dallo stato), come fu il caso del Terzo Reich (Germania nazista), dell'Italia fascista e del Giappone imperiale negli anni '20 e '30.

Le varianti "Cigno Nero" di eventi estremi come il COVID-19, che accadono durante (ed esacerbano) i periodi di vulnerabilità, contribuiscono ad infiammare esponenzialmente la spirale verso il basso che si auto-rinforza. Dal crollo economico del 2008, che ha provocato una massiccia dislocazione della ricchezza, sta lentamente sobbollendo una seconda guerra civile. L'epidemia di COVID-19, le manifestazioni Black Lives Matter (letteralmente "Le Vite Nere Contano") e le successive rivolte stanno accendendo le braci di un fuoco che brucia lentamente. Se non gestito correttamente, l'incendio si diffonderà a livello globale come l'incendio della primavera araba e scatenerà l'incendio dell'apocalisse.

Ingegneria Finanziaria estrema

Ringraziamo i pochi Gordon Gekkos[34] che vivono nella stazione spaziale Elysium[35] per la condizione di sofferenza finanziaria in cui versa la stragrande maggioranza delle persone. È il culmine dell'illusione della cosiddetta globalizzazione e del capitalismo di Roosevelt. **C'è molto di cui rimproverarsi, ed io non mi posso proprio ritenere esente da colpe**.

"L'ora di maggiore trionfo del capitalismo coincide con la sua crisi[36]", e una crisi è un'occasione da non perdere. Gli Stati Uniti sono diventati una superpotenza capitalistica perché Roosevelt ha saputo sfruttare la prima e la seconda guerra mondiale, l'influenza spagnola, la grande depressione e altre crisi, trasformandole in opportunità e battendo l'impero britannico, il quale aveva, invece, perso molto del proprio smalto. La Cina si trova ora in una situazione analoga. L'11 settembre 2001 e, in particolare, lo tsunami economico del 2008 ci hanno offerto fantastiche opportunità per approfittare della nostra innegabile supremazia militare, della moneta di riserva, della buona volontà politica e di una miriade di altre risorse.

Ma i nostri lobbisti nel pantano che è Washington DC hanno sequestrato l'opportunità, usandola per sostenere i loro intrallazzi di Wall Street (causa primaria dei problemi stessi), invece di investire nelle nostre fatiscenti infrastrutture critiche.

Sfortunatamente, invece di approfittare delle fantastiche opportunità globali, le Big Four, oltre altre società di revisione, e non solo, hanno preso la strada del parassitismo. Queste opportunità sono state inquadrate come passività; il futuro e le opportunità sono diventati centri di costo piuttosto che centri di profitto. Da esperti nella pratica dell'ingegneria finanziaria ortodossa estrema hanno perseverato nel fustigare il cavallo capitalistico deteriorato per pochi dollari, delocalizzando tutto il capitalismo del futuro all'est. Questi schemi includono benchmarking insensato, trasformazioni (IT, finanza, catena di approvvigionamento, ecc.), gestione della catena di approvvigionamento fiscalmente efficace (TESCM), esternalizzazione dei processi aziendali (Business Process Outsourcing), produzione a contratto, offshoring della R&S, ristrutturazione, e altro ancora, hanno creato danni irreparabili alla resilienza dell'impresa. Il risultato finale è un'impresa morta.

I fondi avvoltoio parassiti, i pirati aziendali e le società di private equity hanno colto l'occasione per saccheggiare le poche imprese rimaste con eccellenti bilanci, succhiando tutto il sangue rimasto e caricandole di debiti a breve termine e ad alto tasso d'interesse. Anche quando l'impresa razziata falliva, le società di private equity parassite intascavano i loro soldi sporchi di sangue grazie alle commissioni anticipate e al carried interest.

Invece di vederla come un'opportunità per reinvestire nelle proprie imprese, i leader delle nostre corporazioni decadenti e i loro consigli di amministrazione clientelari l'hanno considerata come un'opportunità per imbrogliare sui bilanci delle grandi imprese con acquisti di azioni, arricchendosi così. Come nello tsunami economico del 2008, i contribuenti hanno salvato queste aziende zombie – ovvero il comportamento finanziario scorretto di Washington - di conseguenza il contribuente si è accollato l'onere delle passività.

Come da indicazioni dell'Agenzia per le piccole imprese (Small Business Administration -SBA), le piccole imprese rappresentano il 99,7% delle imprese datrici di lavoro negli Stati Uniti e il 64% dei nuovi posti di lavoro netti nel settore privato[37]. Solo in poche settimane del 2020, il 25% delle piccole imprese ha chiuso, lasciando quasi 40 milioni di americani disoccupati. È iniziato il conto alla rovescia per le chiusure definitive.

Essendo stati noi coloro che hanno fornito le idee e l'esempio della cattiva condotta professionale a questi spazzini finanziari estremi, le scuole di business opportunistiche della IVY League devono accettare la propria parte di responsabilità nel linciaggio delle deboli fondamenta capitalistiche costruite dai Roosevelt - Teddy, Franklin, ed Eleanor. Molti laureati delle scuole di business della IVY League, e professionisti di alto livello che inseguono sogni finanziari, finiscono a Wall Street o in una delle aziende BIG4. Per qualche dollaro in più, la maggior parte della crème de la crème degli ingegneri finisce ugualmente in questo settore dell'ingegneria finanziaria.

Ma a cosa serve Wall Street? Molto di quello che fanno i banchieri d'investimento è socialmente inutile e potenzialmente pericoloso per l'economia americana e globale. Oltre ai prodotti tossici di ingegneria finanziaria, quali cose tangibili progettano, costruiscono o vendono? L'economia finanziaria si è sganciata da quella reale. Hanno messo in ginocchio l'economia con la creazione della dottrina "Too Big to Fail", che ha socializzato le passività (al contribuente) e privatizzato i profitti. Hanno creato i derivati e altre ADM (armi di distruzione di massa) e hanno incoraggiato l'assunzione di rischi in un mercato truccato.

Come visualizzato nel grafico qui sotto, due terzi delle entrate delle BIG 4 provengono dalle pratiche di audit e fiscali. Le pratiche di revisione contabile eseguono l'autopsia dei numeri storici e prevengono i problemi con i requisiti di conformità interni ed esterni. Le pratiche fiscali aiutano anche i clienti a sfruttare le scappatoie dei benefici fiscali, le caselle postali (paradisi fiscali offshore), il TESCM (Tax Effective Supply Chain Management), e altre pratiche che possono essere tossiche per i contribuenti. Una parte significativa delle pratiche di consulenza consiste nell'ingegneria finanziaria. Fino a che punto le nostre istituzioni della IVY league rinverdiscono la CSR (Corporate Social Responsibilities) e il futuro etico dell'impresa e dell'America? O sono solo capaci di essere termiti che ne rodono le fondamenta?

"Dal 2009-2015, le 50 più potenti aziende statunitensi hanno ottenuto più di 423 miliardi di dollari in agevolazioni fiscali e hanno speso più di 2,5 miliardi di dollari per fare pressione sul Congresso affinché i loro profitti aumentassero ulteriormente"

Oxfam America

The Gods Must be Crazy!
BIG4 revenue (2018) by services

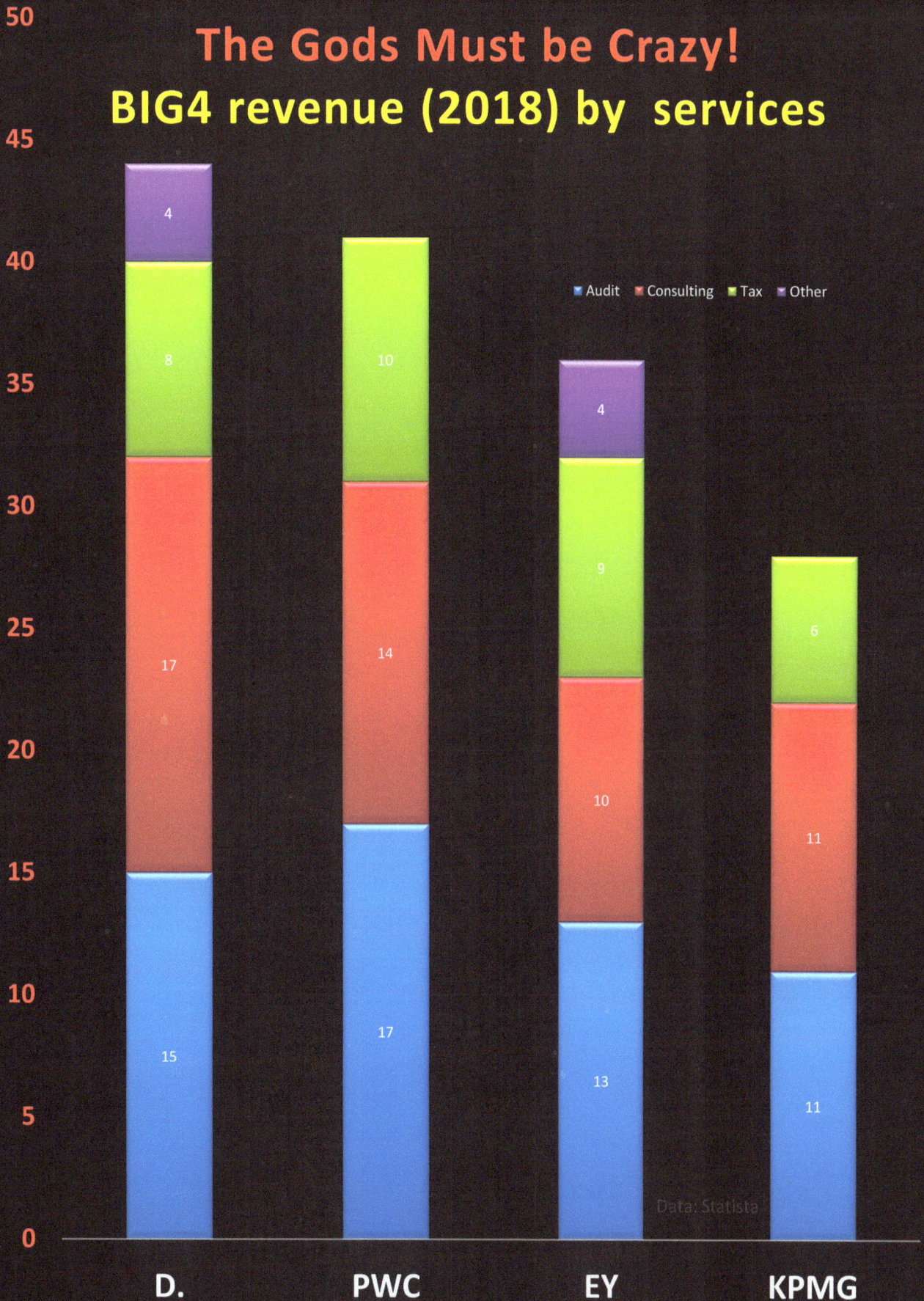

Legend: Audit · Consulting · Tax · Other

D.
- Audit: 15
- Consulting: 17
- Tax: 8
- Other: 4

PWC
- Audit: 17
- Consulting: 14
- Tax: 10

EY
- Audit: 13
- Consulting: 10
- Tax: 9
- Other: 4

KPMG
- Audit: 11
- Consulting: 11
- Tax: 6

Data: Statista

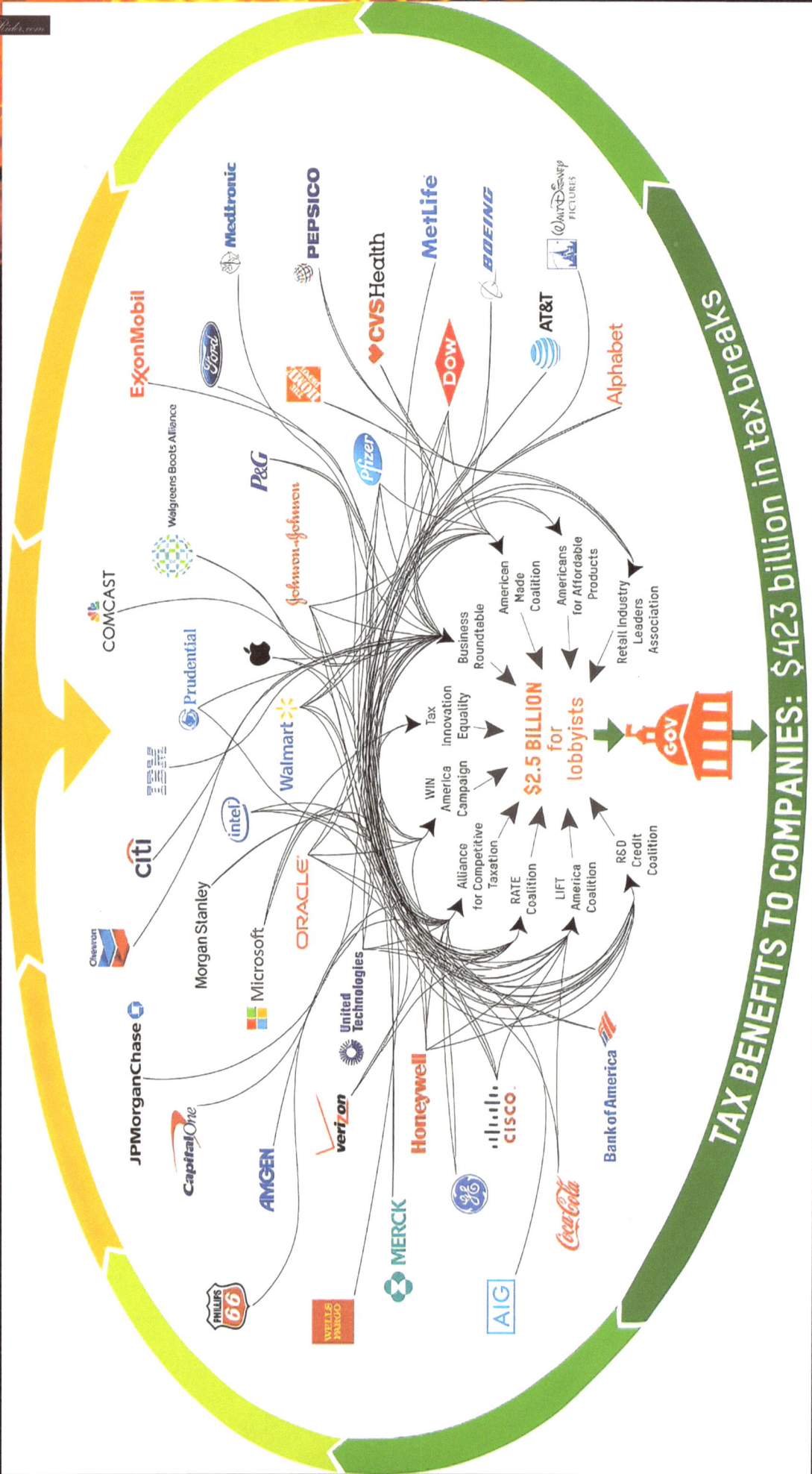

TAX BENEFITS TO COMPANIES: $423 billion in tax breaks

ExxonMobil
Medtronic
PEPSICO
MetLife
BOEING
CVSHealth
Ford
Dow
AT&T
Alphabet
Walgreens Boots Alliance
Pfizer
P&G
Johnson&Johnson
COMCAST
Prudential
Walmart
Citi
intel
ORACLE
Microsoft
Morgan Stanley
United Technologies
Chevron
JPMorganChase
Capital One
verizon
Honeywell
CISCO
Bank of America
AMGEN
GE
Coca-Cola
MERCK
PHILLIPS 66
WELLS FARGO
AIG

Business Roundtable
American Made Coalition
Americans for Affordable Products
Retail Industry Leaders Association
Tax Innovation Equality
WIN America Campaign
Alliance for Competitive Taxation
RATE Coalition
LIFT America Coalition
R&D Credit Coalition

$2.5 BILLION for lobbyists

GOV

Elysium[38]

Quindi sono stati tali parassiti interni a far crollare il sistema capitalistico architettato da Roosevelt. Il risultato è che stiamo assistendo alla scomparsa dello stato-nazione e, al suo posto, vediamo l'ascesa spettacolare di una nuova classe appartenente a un Elysium all'ennesima potenza, che sta violando le fondamenta crollate del sistema capitalistico di Roosevelt.

Soffocando l'innovazione e dirottando la democrazia, gruppi come i FAANG (Facebook, Amazon, Apple, Netflix e Google) stanno diventando i cartelli più pericolosi del mondo. E con una capitalizzazione di mercato combinata di circa 5 trilioni di dollari, stanno minacciando le fondamenta stesse della civiltà.

I FAANGM (Facebook, Amazon, Apple, Netflix, Google e Microsoft) sono arrivati a un trilione di dollari di capitalizzazione di mercato solo quest'anno. Questo è più dell'intero valore di mercato del settore energetico S&P 500. Nel frattempo, l'economia reale sta crollando. Mentre Wall Street e i Titani della tecnologia erano in piena esplosione, la miseria si è riversata sulla economia reale, che ha registrato il peggior trimestre degli ultimi 145 anni.

Un quarto dei cittadini del mondo sono utenti attivi di Facebook. Si può sostenere che abbiano persino fatto eleggere il recente Presidente degli Stati Uniti. In una nota il Vicepresidente di Facebook, Andrew Bosworth, ha scritto che la vittoria di Donald Trump nelle elezioni presidenziali del 2016[39] è da attribuirsi alla scelta di usare gli strumenti pubblicitari di Facebook durante la campagna presidenziale. Potrebbe anche accadere di nuovo. Sarà interessante vedere il destino del dollaro americano quando Facebook colonizzerà i suoi cittadini con la propria valuta digitale, Libra (una criptovaluta).

"Nessun discorso civile, nessuna cooperazione; disinformazione, mistificazione. E non è un problema americano - non si tratta di inserzioni pubblicitarie russe. Questo è un problema globale.

Penso che abbiamo creato strumenti che stanno facendo a pezzi il tessuto del funzionamento stesso della società. I circuiti di reazione dettati dalla dopamina a breve termine che abbiamo creato stanno distruggendo il funzionamento della società.
Siete stati programmati.
"Mi sento tremendamente in colpa. La verità è che nei più profondi recessi delle nostre menti lo sapevamo, sapevamo che qualcosa di brutto, prima o poi, sarebbe accaduto".

—— Chamath Palihapitiya ——
(Investitore miliardario ed ex Vicepresidente di Facebook per la crescita degli utenti)

Viva Wall Street!

Una tempo New York era il centro finanziario del mondo perché gli Stati Uniti erano economicamente ai vertici mondiali. La Cina ha istituito il suo centro d'affari a Shanghai, e ha già iniziato a rovesciare il potere degli Stati Uniti. Dopo aver raggiunto un picco alla fine degli anni '90, il numero di società pubbliche negli Stati Uniti è costantemente diminuito. Grazie al private equity, alle fusioni e alle acquisizioni, così come ai deflussi di capitale, si è ridotto da oltre 7.000 società a meno di 3.000. Nel frattempo, il mercato azionario cinese è cresciuto da zero a circa 4.000 società, oltre alle 2.500 società quotate a Hong Kong.

"Dobbiamo constatare che le aziende cinesi, in parte con il sostegno dei fondi statali, stanno cercando sempre più di acquistare aziende europee a basso costo o aziende che sono in difficoltà economiche a causa della crisi coronavirus...

La Cina sarà il nostro più grande concorrente in futuro, in termini economici, sociali e politici...

Considero la Cina come il concorrente strategico per l'Europa, essa rappresenta un modello autoritario di società tesa ad espandere il suo potere e sostituire gli Stati Uniti come potenza leader...

L'Unione Europea dovrebbe reagire in modo coordinato e porre fine allo «shopping cinese»".

Manfred Weber,
(Presidente del gruppo del Ppe al Parlamento europeo (NPR News 5-17-20))

Una volta, attorno al 1960, l'economia statunitense rappresentava circa il 40% del PIL mondiale ma ora ahimè, come abbiamo visto, è scesa a meno del 15% in PPA. Nel frattempo, il PIL della Cina sta galoppando e supera al momento il 20% del PIL mondiale. La nostra sciocca ed estrema avidità ha sperperato un patrimonio di buona volontà. Se non ci diamo una regolata, e velocemente, il nostro Impero e la nostra Impresa hanno i giorni contati - specialmente considerando che controlliamo il 79,5% di tutto il commercio mondiale grazie al nostro status di valuta di riserva (il dollaro USA)[40].

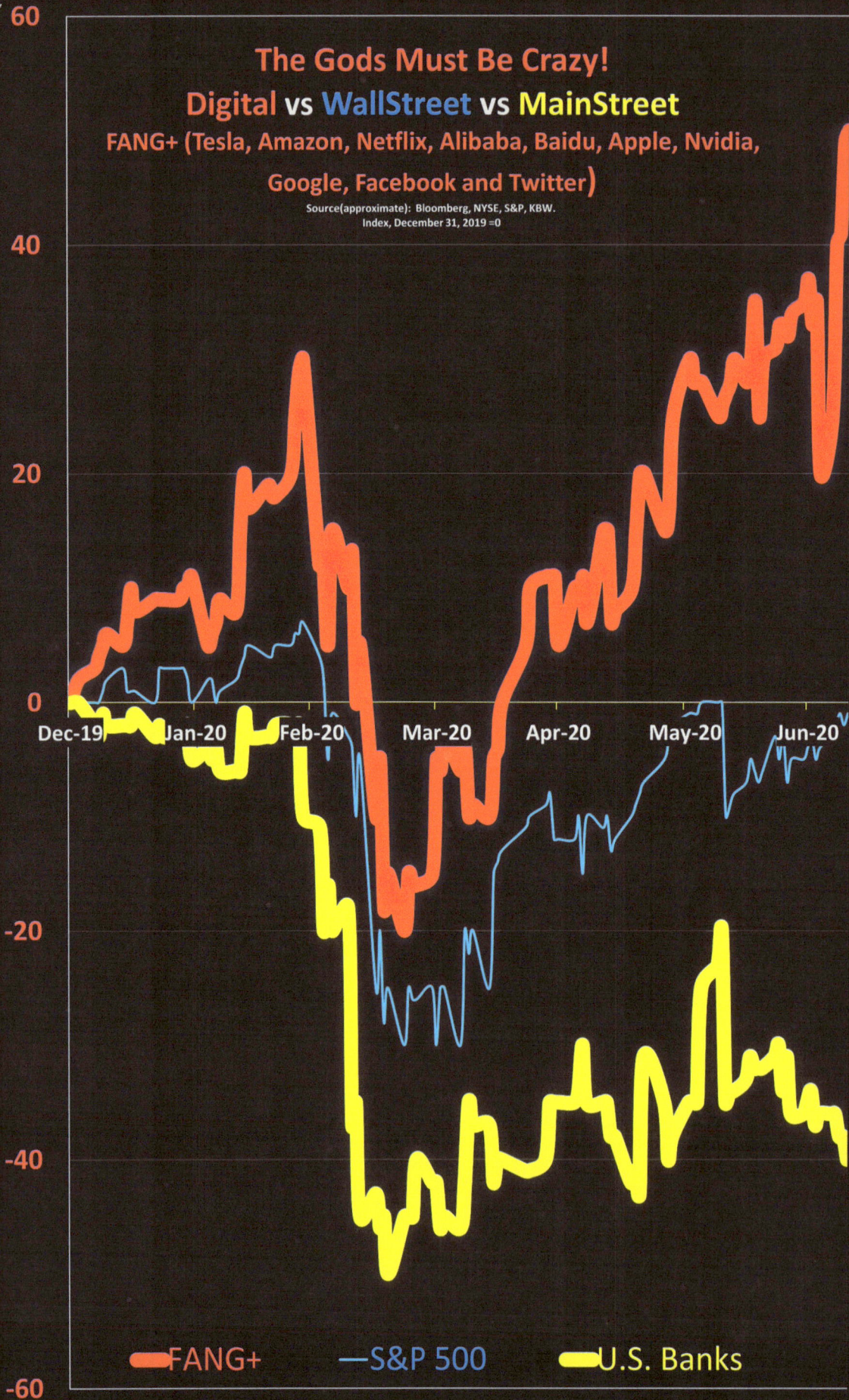

The Gods Must Be Crazy!
Digital vs WallStreet vs MainStreet
FANG+ (Tesla, Amazon, Netflix, Alibaba, Baidu, Apple, Nvidia, Google, Facebook and Twitter)

Source(approximate): Bloomberg, NYSE, S&P, KBW.
Index, December 31, 2019 =0

Legend: FANG+ — S&P 500 — U.S. Banks

The Gods Must Be Crazy!
Real Gross Domestic Product
Source: U.S. Bureau of Economic Analysis(FRED, Q2 2020)

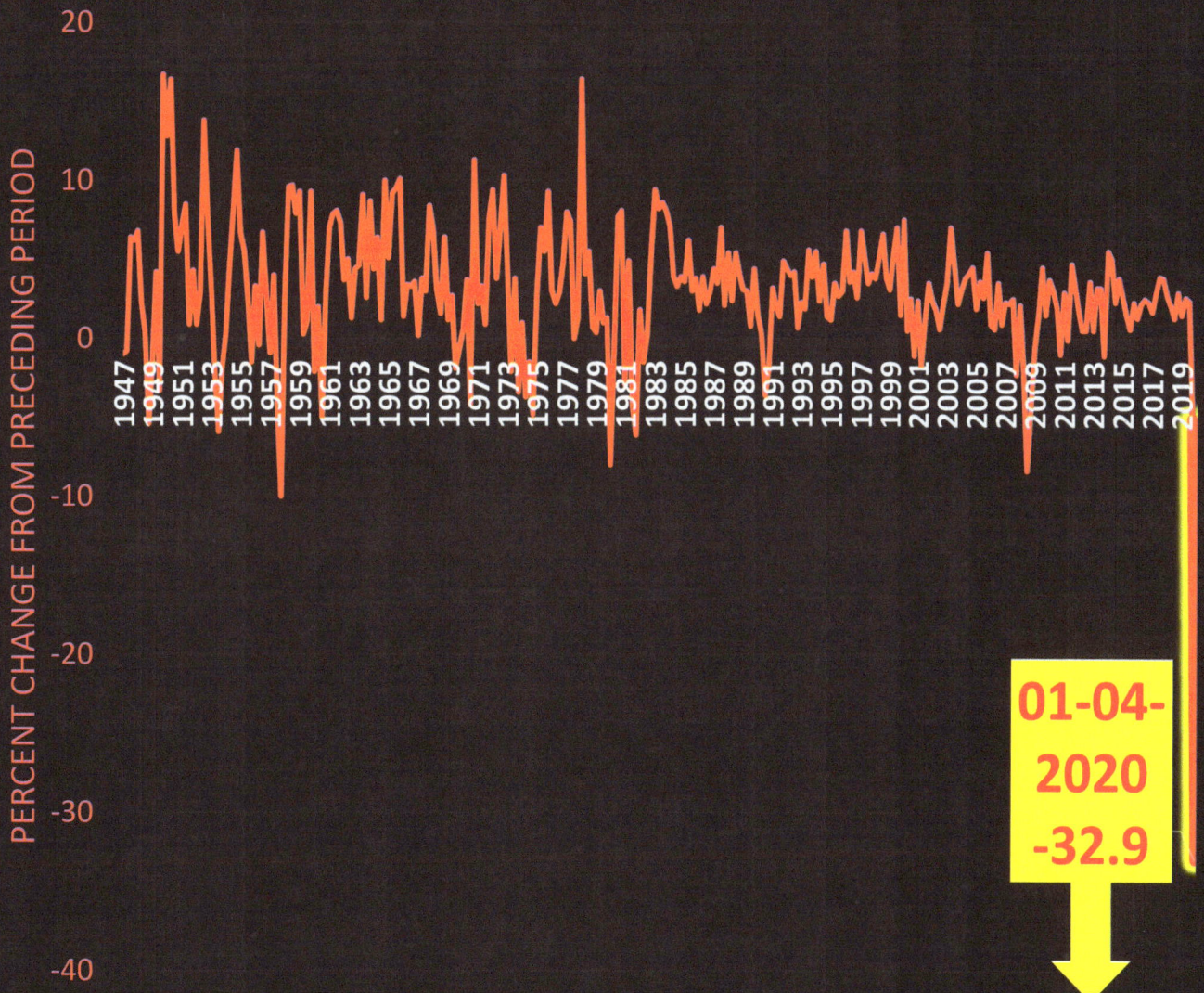

PERCENT CHANGE FROM PRECEDING PERIOD

01-04-2020 -32.9

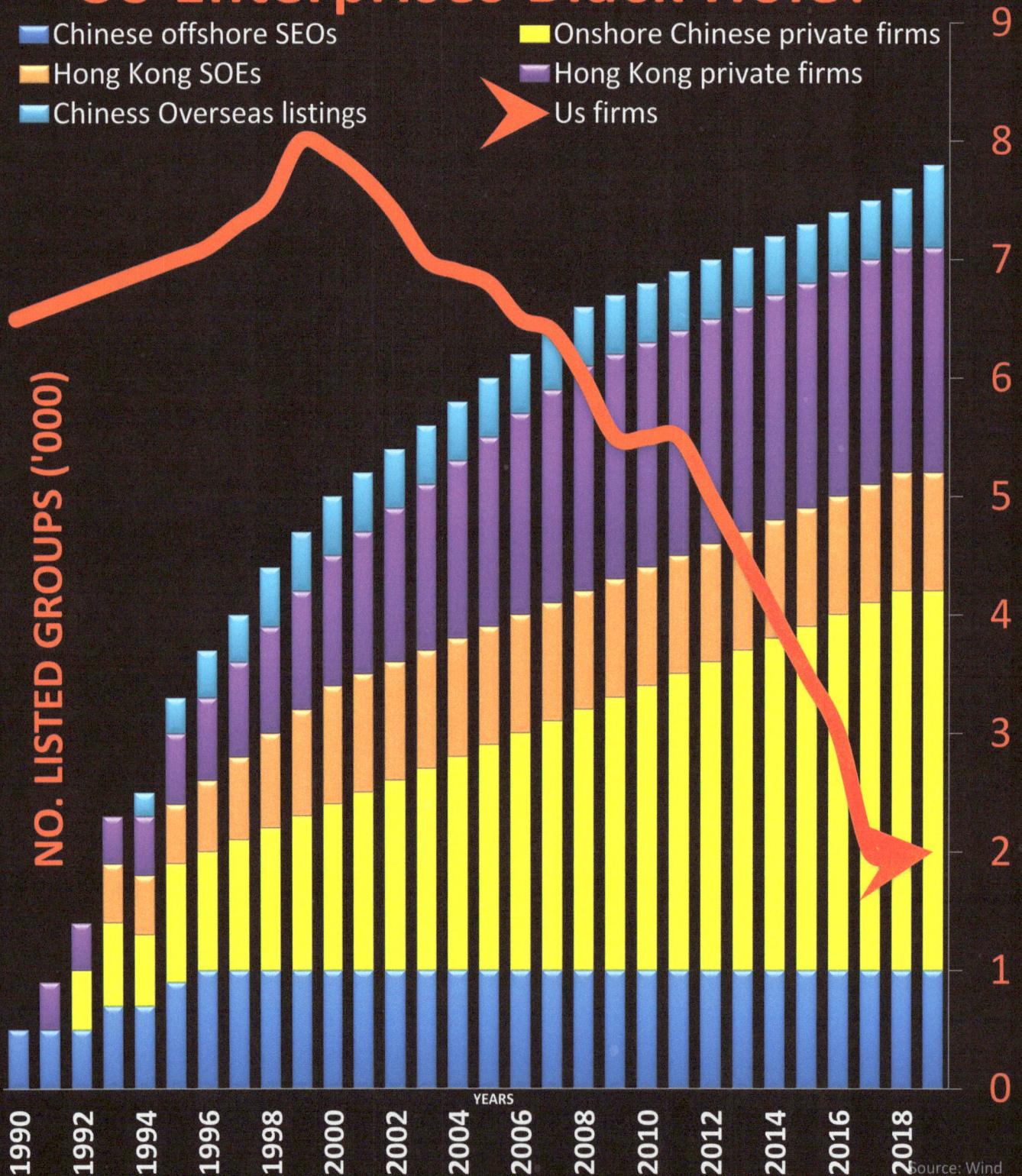

The Gods Must be Crazy!
Catacomb of Capitalism?
US Enterprises Black Hole?

Legend:
- Chinese offshore SEOs
- Hong Kong SOEs
- Chiness Overseas listings
- Onshore Chinese private firms
- Hong Kong private firms
- Us firms

NO. LISTED GROUPS ('000)

YEARS

Source: Wind

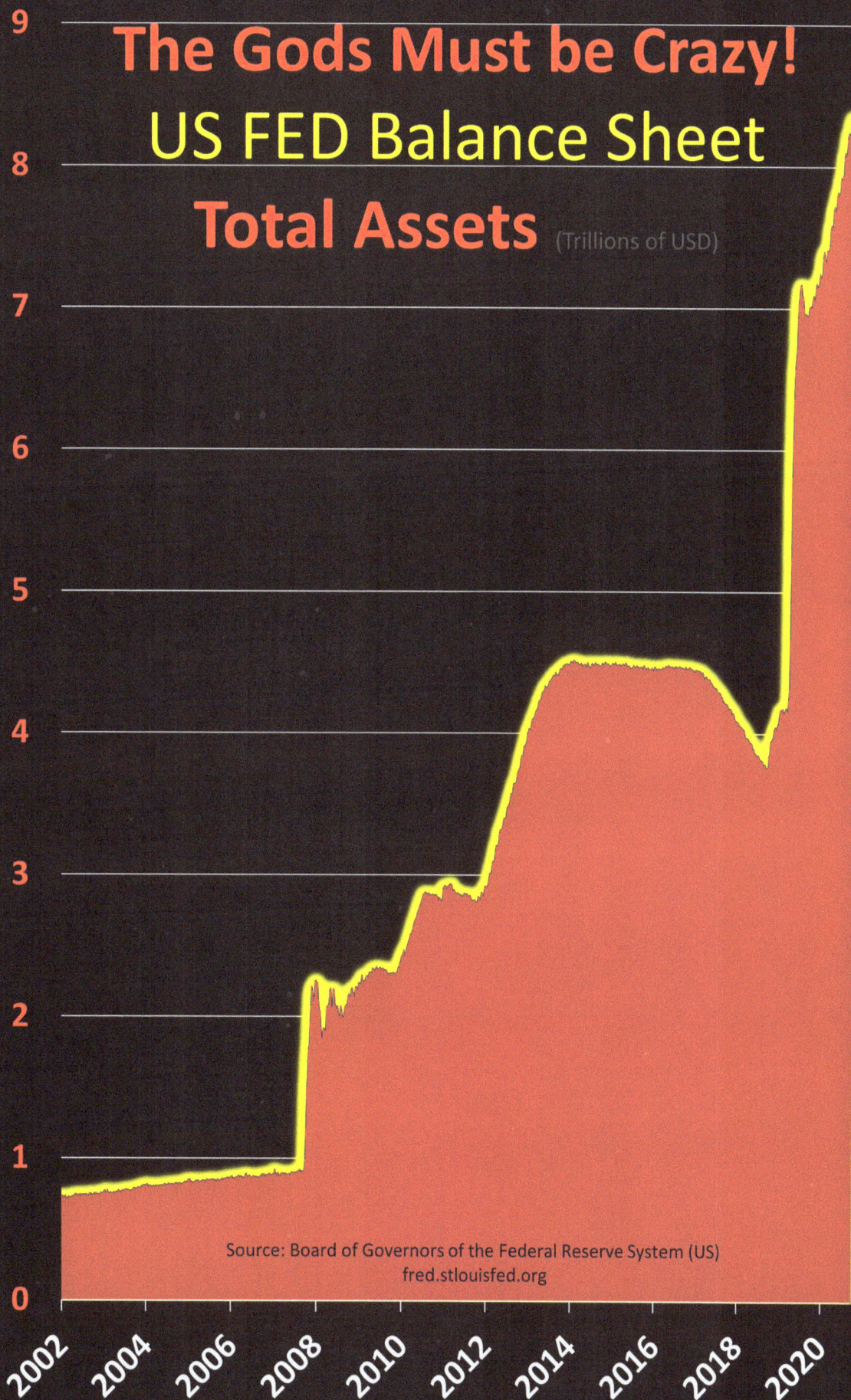

The Gods Must be Crazy!
US FED Balance Sheet
Total Assets (Trillions of USD)

Source: Board of Governors of the Federal Reserve System (US)
fred.stlouisfed.org

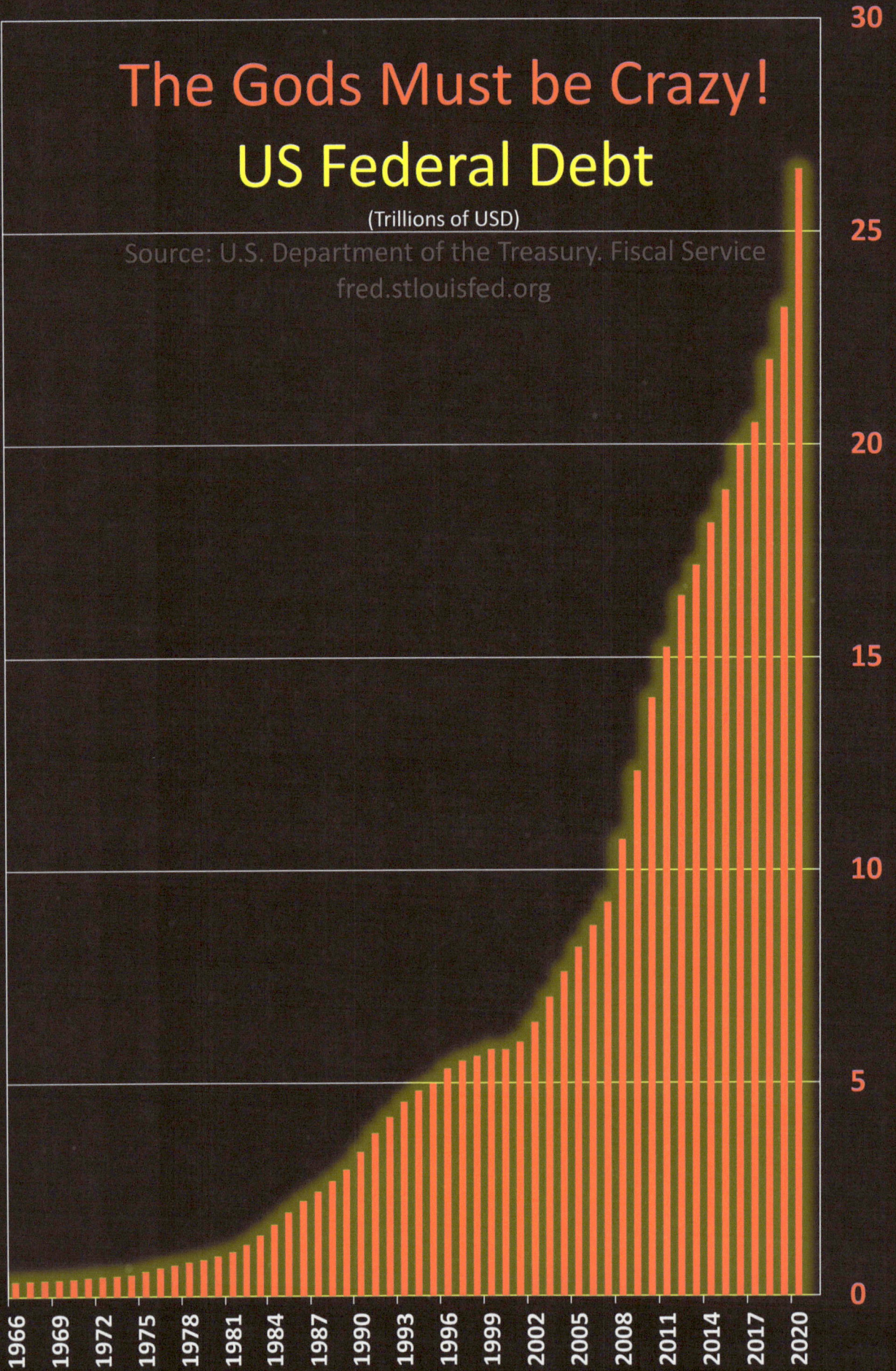

The Gods Must be Crazy!
US Federal Debt
(Trillions of USD)

Source: U.S. Department of the Treasury. Fiscal Service
fred.stlouisfed.org

Il pianeta del Quarto Reich

In sintesi molte imprese somigliano a un gruppo di zombie-Frankenstein difettosi risalenti all'era della seconda guerra mondiale, che vengono gestiti dall'élite di bravi ragazzi vecchio stile, votati alla consorteria e all'omertà che vive nelle altitudini della torre d'avorio occidentale. Con l'evoluzione del mondo, la maggior parte della crescita del mercato avviene oggi dove vive il 96% dei 7,8 miliardi di persone. Gli esperti della torre d'avorio hanno sbagliato a considerare solo la cima della piramide. Abbiamo bisogno di architettare di nuovo il business scegliendo una prospettiva che vada dal basso verso l'alto.

Durante gli anni '90 George Soros ha mandato in bancarotta la Banca d'Inghilterra per 3,3 miliardi di sterline[41] e ha causato la crisi finanziaria asiatica con solo una frazione della sua ricchezza[42]. Secondo Oxfam, la sola Apple detiene più di 200 miliardi di dollari in fondi offshore, mentre la riserva valutaria del Regno Unito è inferiore a 180 miliardi di dollari. Gli Stati Uniti detengono meno di 130 miliardi di dollari, mentre la Cina siede su un vasetto di miele con più di 3000 miliardi di dollari. Come si può vedere dal grafico, il bilancio della Federal Reserve americana è quasi raddoppiato in meno di tre mesi, grazie all'aggiunta di un debito di tre trilioni di dollari.

Presto o tardi i nodi vengono al pettine. Quanti dollari sporchi del debito americano di 25.000 miliardi di dollari (che include le partecipazioni cinesi, russe e saudite) servono per distruggere l'impresa del capitalismo occidentale?

Se non inauguriamo l'era digitale del 22° secolo tramite "l'Arca di Noè imprenditoriale della Nuova Normalità", presto saremo schiavi dell'*Uomo nell'Alto Castello*[43], come nel documentario di Netflix *Made in USA - Una fabbrica in Ohio (American Factory)*[44]. Il Coronavirus potrebbe diventare il cavallo di Troia del Quarto Reich.

Lo stato attuale delle Imprese

"...mentre un uomo in collera può recuperare la calma, e un uomo risentito può rasserenarsi, uno Stato finito in pezzi non può essere ripristinato, né i morti possono essere restituiti alla vita. Il Sovrano illuminato è dunque prudente, e il buon generale lo mette in guardia contro azioni temerarie. In questo modo lo Stato è sicuro e la forza militare rimane integra".

L'Arte della Guerra di Sun Tzu (476 a.C.–221 a.C.)

In breve attualmente le imprese sono come un branco di disfunzionali e sparuti gruppi di cadaveri de-ambulanti dell'epoca della seconda guerra mondiale. Chi ha decretato che debbano essere così è una banda di bravi ragazzi vecchio stile improntati al corporativismo dall'alto della torre d'avorio occidentale. Sfortunatamente il mondo è andato avanti e oggi, come detto prima, la maggior parte della crescita del mercato risiede dove vive il 96% dei 7,8 miliardi di persone. La nostra partecipazione è minima e la nostra comprensione della situazione è scarsa, cosa di cui la Cina sta approfittando con la colonizzazione econo-mica e digitale. Dobbiamo ripensare l'impresa dal basso verso l'alto. Gli amati leader del mondo accade-mico hanno sbagliato a guardare solo la parte apicale della piramide. A titolo di esempio (in base alla mia esperienza):

The Gods Must Be Crazy!
Gaggle of Financial-Engineering Frogs in Debt
Nonfinancial Corporate Business; Debt Securities; Liability, Level (**Trillion $**)
Source: Board of Governors of the Federal Reserve System(FRED, Q1 2021)

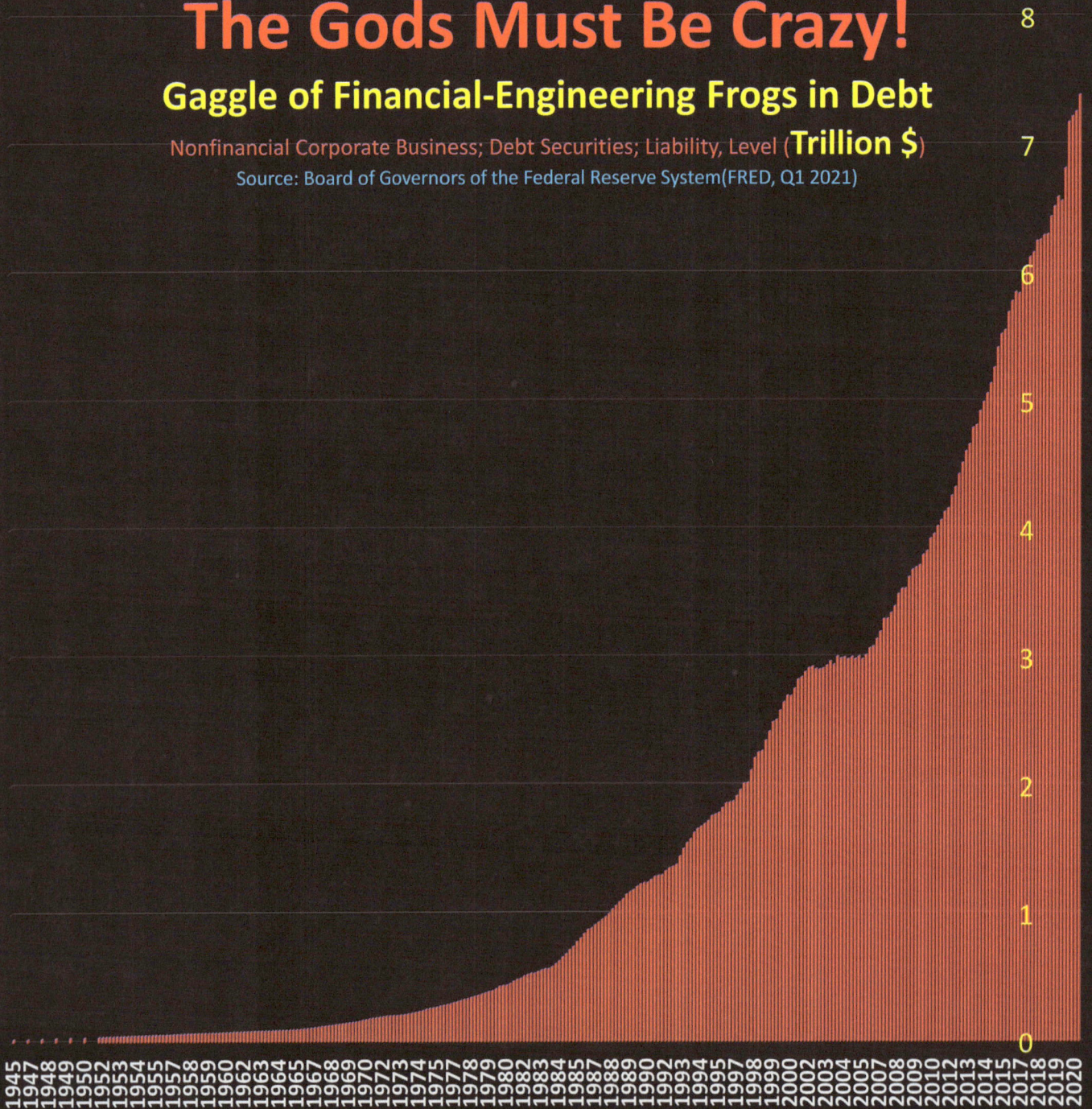

"Alice: Would you tell me, please, which way I ought to go from here? CAT: THAT DEPENDS A GOOD DEAL ON WHERE YOU WANT TO GET TO. Alice: I don't much care where. CAT: THEN IT DOESN'T MUCH MATTER WHICH WAY YOU GO "
— Alice in Wonderland

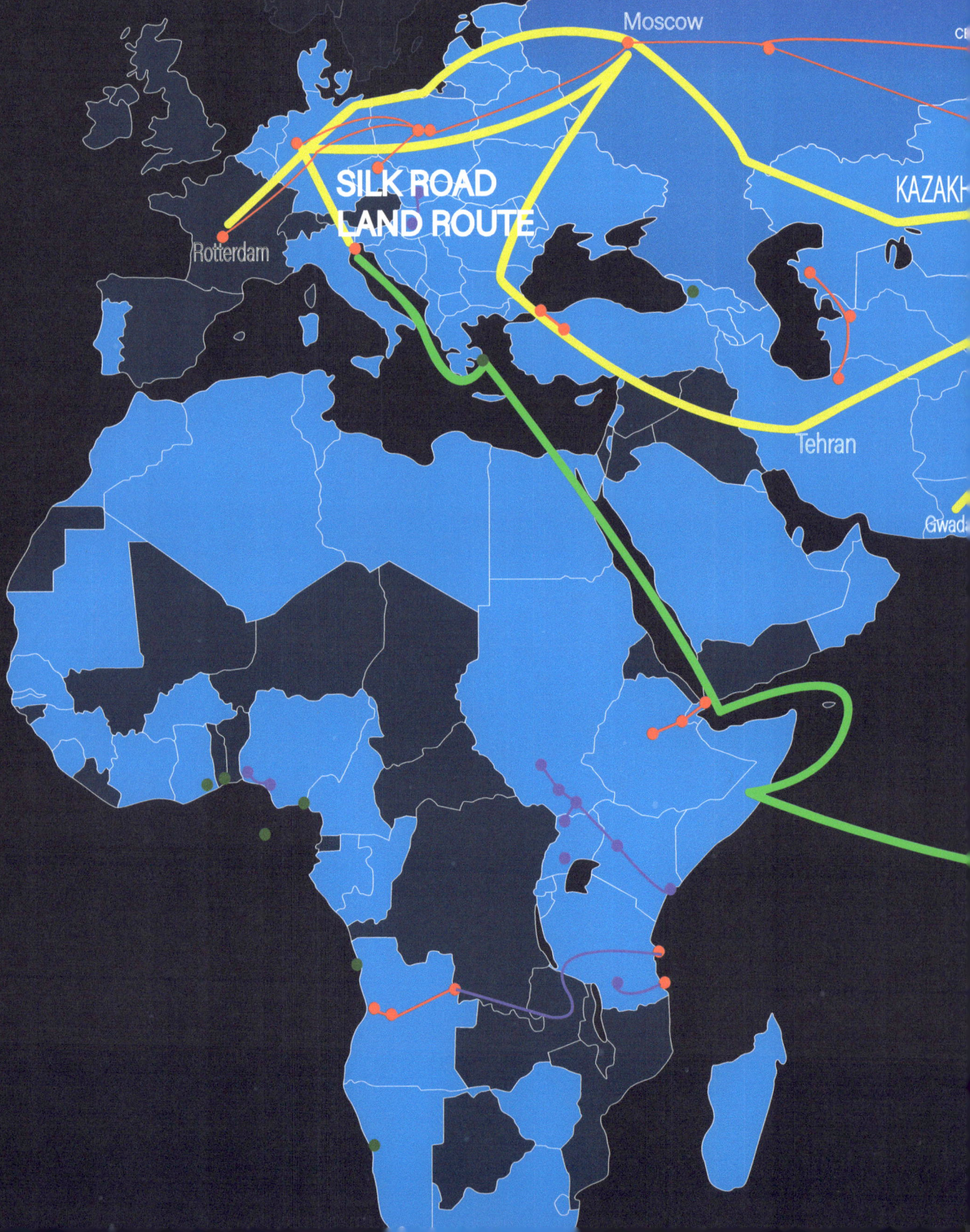

Moscow

KAZAKH

SILK ROAD
LAND ROUTE

Rotterdam

Tehran

Gwad

Ports with Chinese engagement (existing)

Ports with Chinese engagement (planned/under construction)

RUSSIA

XINJIANG REGION

Mongolia

Imaty

CHINA

Xian

INDIA

Kolkata

MYANMAR

Kuala
Lumpur

**SILK ROAD
SEA ROUTE**

As of 2013, 82% of China's oil imports and 20% of its gas imports pass through the Strait of Malacca

- ★ I cosiddetti venditori di fumo[45] costruiscono più del 75% delle tipiche architetture aziendali odierne. Molti sono per lo più un branco di saccenti rane bollite che hanno costruito su fondamenta che non valgono un centesimo. Hanno l'anima sporca e l'ego politico nella finanza/commercio, nell'IT, nei partner d'implementazione, nei venditori offshore, nei Big 4 PPT...

- ★ Più grande è la fortuna (dimensione dell'azienda), meno desiderabile è l'impresa

- ★ Più del 75% delle implementazioni tipiche di un'impresa sono un disastro.

- ★ Più del 75% dei tipici sopravvissuti dell'impresa sono zombie Frankenstein disfunzionali provenienti da M&A, fusioni inverse, inversioni, TESCM, BPO, trasformazioni, licenziamenti, outsourcing e altre modalità di ingegneria finanziaria eccessiva.

- ★ Più del 75% dell'architettura delle imprese tipiche è precedente all'era del World Wide Web (WWW) - in altre parole, questa architettura non si confà

all'era digitale. L'IT, la contabilità tradizionale e la maggior parte delle funzioni aziendali (specialmente quelle ripetitive) sono sul punto di essere automatizzate da AI BOT nel cloud. I sistemi IT/Business si evolveranno da Transazionali -> Operativi -> Analitici Predittivi IA BOT (Automazione Robotica in Cloud).

La Cina spende trilioni di dollari per sostenere le sue cosiddette imprese e ha già ampiamente superato gli obiettivi del 2025 fissati dal PCC (Partito Comunista Cinese) nel 2015. Hanno già eliminato senza pietà i loro concorrenti occidentali su prodotti e servizi di più alto valore come il 5G, le infrastrutture tecnologiche, l'aerospaziale e i semiconduttori. Hanno raggiunto l'indipendenza dai fornitori stranieri per tali prodotti e servizi.

L'architettura pre-WWW (World Wide Web) delle imprese occidentali è abusata e superata. Ha perso la sua resilienza e non può competere con le imprese dell'est. Le cause delle problematiche che affrontiamo oggi risiedono nel sistema corrotto di Washington DC, nel Private Equity di Gordon Gekko e nei razziatori aziendali (alcuni finanziati dai cinesi), negli algoritmi di Wall Street guidati da Twitter e nella conseguente eccessiva manipolazione finanziaria.

I nostri leader hanno perso il contatto con la realtà. Indugiando nei loro templi incontaminati del capitalismo truccato, escogitano schemi finanziari. Negli ultimi dieci anni il mercato azionario è salito di oltre il 250% senza alcuna crescita produttiva e l'ingegneria finanziaria ha abusato dell'ottimo bilancio. Hanno scosso le fondamenta stesse del capitalismo.

> *""In questo scenario di rallentamento dell'economia materiale, la cui gravità corrisponde alla metà della crisi finanziaria globale, il debito aziendale a rischio (il debito delle imprese che non sono in grado di coprire le spese degli interessi con i loro guadagni) potrebbe salire a 19 trilioni di dollari - o quasi il 40 per cento del debito aziendale totale nelle principali economie - oltre i livelli di crisi".*

Rapporto sulla stabilità finanziaria FMI,
Global Financial Stability Report (2019)[46]

Molte delle grandi imprese di oggi sono sostanzialmente dei morti che camminano, provenienti da M&A, fusioni inverse, inversioni, TESCM, BPO, trasformazioni, licenziamenti, outsourcing, e altre modalità di eccessiva ingegneria finanziaria. La maggior parte di queste imprese concluderà il proprio percorso per mano degli avvoltoi cinesi della proprietà intellettuale (IP), come nel grafico qui sotto:

The Gods Must be Crazy!
Typical Empire Rise & Fall

Excessive Financial Engineering

Penny-Wise, Pound-Foolish Accounting

Executive Pay on Short-Termism

BIG4 Consultants
PRICE2/PMBOK/SCRUM

BPR
Benchmarking

Contract MFG

Transformation

Layoffs

IP Vultures (CHINA)

Chapter 11

TQM/ISO

Cost Cutting (Especially R&D)

SIX SIGMA

Business Process Outsourcing (BPO)
Transfer Pricing, Reverse Mergers, etc.

TAX Effective Supply Chain Management

Restructuring

"Quick wins", "Low-hanging fruit",
"Delta", "Lean", etc.

Stock Buyback

PE Leveraged Buyout

Time

IPO (Wall Street)

2nd GEN Entrepreneur

1st GEN Entrepreneur

Resilience Engineering

Entrepreneurs

Ay Yi Yai Yi! We are in the middle of The New World Order!

MA CHE SIAMO TUTTI MATTI! [47]

IL MIO VIAGGIO DALLA TERRA DEL COMUNISMO A QUELLA CHE RAPPRESENTA L'EMBLEMA DEL CAPITALISMO

"Conoscere il nemico ti permette di passare all'offensiva, conoscere te stesso ti permette di stare sulla difensiva"...
"L'attacco è il segreto della difesa; la difesa è la pianificazione di un attacco".
L'Arte della Guerra di Sun Tzu (476 a.C.-221 a.C.)

Vi confesso che sono un affarista senza scrupoli, figliol prodigo di genitori socialisti del paese di Dio, Kerala, in India. Grazie alle scuole cattoliche, gestite dai missionari portati dai colonizzatori europei, nel Kerala i comunisti sono stati democraticamente eletti per più di mezzo secolo, e Marx, Lenin, Stalin e il Che vengono venerati dal nostro popolo come fossero delle divinità di massimo rilievo. Anche se apparteniamo alla classe media, i miei genitori, che erano entrambi insegnanti, non si sono mai concessi il lusso di andare in vacanza, così ho passato la maggior parte delle vacanze scolastiche nella biblioteca del college di papà leggendo diari di viaggio occidentali.

Non avevamo una TV e l'unico film che mi hanno portato a vedere al cinema è stato quello su Gandhi. Per ironia della sorte alla fine sono diventato il responsabile globale dell'EPM presso la più grande catena di cinema al mondo, AMC Theatres, di proprietà dell'uomo più ricco della Cina di un tempo. Come risultato della mia liberazione, o forse come atto di vendetta per gli ultimi due decenni, ho sperperato i soldi che la mia laboriosa moglie aveva guadagnato inseguendo uccelli e brandendo la mia macchina fotografica nelle aree naturali incontaminate di 20 Paesi del mondo. Grazie al programma di leadership esecutivo cinese *GIFT executive leadership program*[48] (https://global-inst.com/learn/) nei campi di sterminio della Cambogia[49], ho trovato conforto facendo trekking nelle giungle di Chiangmai-Chiangrai, Laos e Myanmar alla ricerca del vino di serpente[50]. Mentre sorseggiavo il vino di serpente, mi chiedevo come mai questi Paesi ricchi di risorse si impoveriscano (secondo la ricerca di Hernando de Soto, questi Paesi hanno più ricchezza dei 12 principali mercati azionari occidentali messi insieme). Eppure, questi Paesi sono economicamente colonizzati dalla Cina e chiedono l'elemosina agli enti di beneficenza occidentali che cercano di trasformare la loro colpa in ambientalismo d'accatto.

Nell'era della "Nuova Normalità" il mondo sta perdendo fiducia per via di questa deregolata stampa di moneta di stato (moneta dall'elicottero -Alleggerimento Quantitativo[51]) mentre, ironicamente, un inutile metallo giallo (l'oro) sta diventando di nuovo il gold standard per stabilire la ricchezza effettiva delle nazioni e dei ricchi sfondati. Per più di un secolo, gli Stati Uniti hanno risucchiato la maggior parte della riserva d'oro dichiarata del pianeta, circa 8.000 tonnellate metriche. Dietro di loro, le vecchie guardie europee detengono complessivamente altre 10.000 tonnellate. Che ci crediate o no, secondo il World Gold Council (WGC), i più poveri tra gli indiani nascondono illegalmente più di 25.000 tonnellate di quello stesso inutile metallo giallo sotto i loro materassi (un'economia sotterranea). Mentre cercavo risposte a *Il Mistero del Capitale*, sono diventato un adoratore di Hernando de Soto e del suo libro: *"Il mistero del capitale. Perché il capitalismo ha trionfato in Occidente e ha fallito nel resto del mondo"*.

Vorrei condividere alcune delle mie esperienze personali su questo mistero. I miei genitori hanno impiegato quasi tre decenni per costruire la loro casa dopo aver risparmiato il 97% del costo di costruzione. Ci è voluto un altro decennio per ripagare il restante 3% ad un tasso d'interesse del 30% dagli strozzini. Essendo un prodigo affarista senza scrupoli, non ho risparmiato quasi niente fino ad oggi. Ad essere sincero, ho avuto poca fiducia in quel pezzo di carta senza senso sul quale figura il motto: *"In God We Trust"*.

"L'ora del maggiore trionfo del capitalismo è la sua ora di crisi"

— Hernando de Soto —

(Il mistero del capitale. Perché il capitalismo ha trionfato in
Occidente e ha fallito nel resto del mondo)

Durante lo tsunami economico del 2008, mentre tutti si impegnavano a ridurre la leva finanziaria, io sono diventato la quintessenza di Gordon Gekko e ho cercato di sfruttare il capitalismo. Sono riuscito ad accaparrarmi due proprietà iconiche in Nord America (valutate più di un milione di dollari), in rapida successione (in due anni). Ho preso un prestito ipotecario al 97%, e in pochi mesi, l'ho rifinanziato incassando oltre il 1000% dell'acconto per un prestito convenientissimo di 30 anni a un tasso di interesse all'incirca del 3%.

Contrariamente al buon senso comune ho anche considerato le scommesse sui mercati internazionali e sulle acque torbide delle valute, la qual cosa mi ha ripagato in modo esponenziale. Ho visitato anche la Cina un paio di volte: oltre al mio programma di leadership esecutiva cinese *GIFT executive leadership program* (https://global-inst.com/learn/), ero anche responsabile del PMI® Cina come mentore PMI per la zona asiatica). Ho capitalizzato l'esplosivo mercato dell'ingegneria finanziaria estrema e, dallo tsunami economico del 2008, mi sono reinventato una carriera EPM, finendo nel mondo delle BIG4. Più osservavo il mondo della finanza in Occidente, più cresceva la mia disillusione.

Le termiti dell'ingegneria finanziaria hanno infestato il sistema capitalistico occidentale costruito da Roosevelt, che sta quindi crollando come un castello di carte. L'autoritarismo comunista cinese sta colonizzando economicamente il mondo attraverso la diplomazia della trappola del debito. Dopo due decenni, sembra che dovrò cavalcare di nuovo attraverso la strada della furia di Mad Max e arrampicarmi sulle macerie capitalistiche dell'eredità di Roosevelt.

Ay Yi Yai Yi! We are in the middle of The New World Order!

IL NUOVO ASSETTO MONDIALE

"Fondamentale in tutte le guerre è lo stratagemma. Quindi, se sei capace, fingi incapacità; se sei attivo, fingi inattività. Se vuoi attaccare in un punto vicino, simula di dover partire per una lunga marcia; se vuoi attaccare un punto lontano, simula di essere arrivato presso il tuo obiettivo".

L'Arte della Guerra di Sun Tzu (476 a.C.-221 a.C.)

LAND CORRIDORS

MARITIME CORRIDORS

CHINESE OIL SUPPLY ROUTE

OIL & GAS PIPELINES

EXISTING RAILWAYS

TRANSPORTATION CORRIDOR:
INVESTMENTS TO REDUCE
RELIANCE ON SEA ROUTE
FOR OIL & GAS IMPORTS

PORTS WITH CHINESE ENGAGEMENT
EXISTING

PORT WITH CHINESS ENGAGEMENT
UNDER CONSTRUCTION

RAILROADS LINE
EXISTING

LAND CORRIDORS
UNDER CONSTRUCTION

CITIES IN THE GLOBAL TOP 50
IN NUMBER OF HIGH INCOME
HOUSEHOLDS

CITIES IN THE GLOBAL TOP 50
IN NUMBER OF MIDDLE INCOME
HOUSEHOLDS

Mentre mi rintanavo a causa del COVID, ho avuto l'opportunità di analizzare come mi sono trovato nel Paese che rappresenta l'emblema del capitalismo. Un secolo fa, grazie ai Roosevelt, gli Stati Uniti sono diventati l'impero d'eccellenza sul globo. Sfortunatamente sembra che i giochi si siano spostati di nuovo da dove provengo io (l'Est).

Riesco a capire come e quando gli imperi sorgono e cadono. Per esempio, le imprese più importanti fino ad oggi sono state la Compagnia Olandese delle Indie Orientali del 17° secolo (circa 10 trilioni di dollari) e la Compagnia Britannica delle Indie Orientali del 18° secolo (circa 5 trilioni di dollari), il tutto ottenuto fustigando (colonizzazione) i miei antenati e derubandoli. Queste imprese e imperi sono durati circa 200 anni ciascuno.

La storia della loro ascesa e caduta ha stimolato la mia curiosità e mi ha indotto a riflettere. Come si possono paragonare le loro storie alle imprese degli imperi attuali? È ormai evidente che il prossimo imperatore autoritario sta già bussando alle nostre porte per colonizzarci ancora una volta economicamente (e digitalmente), proprio come è successo ai miei nonni. Nell'era post-COVID, nella quale la Cina è su un binario estremamente accelerato, temo che siamo destinati alla caduta libera. Considerando quanto la storia sia stata cruenta, non posso fare a meno di chiedermi che tipo di " Nuova normalità" ci aspetti.

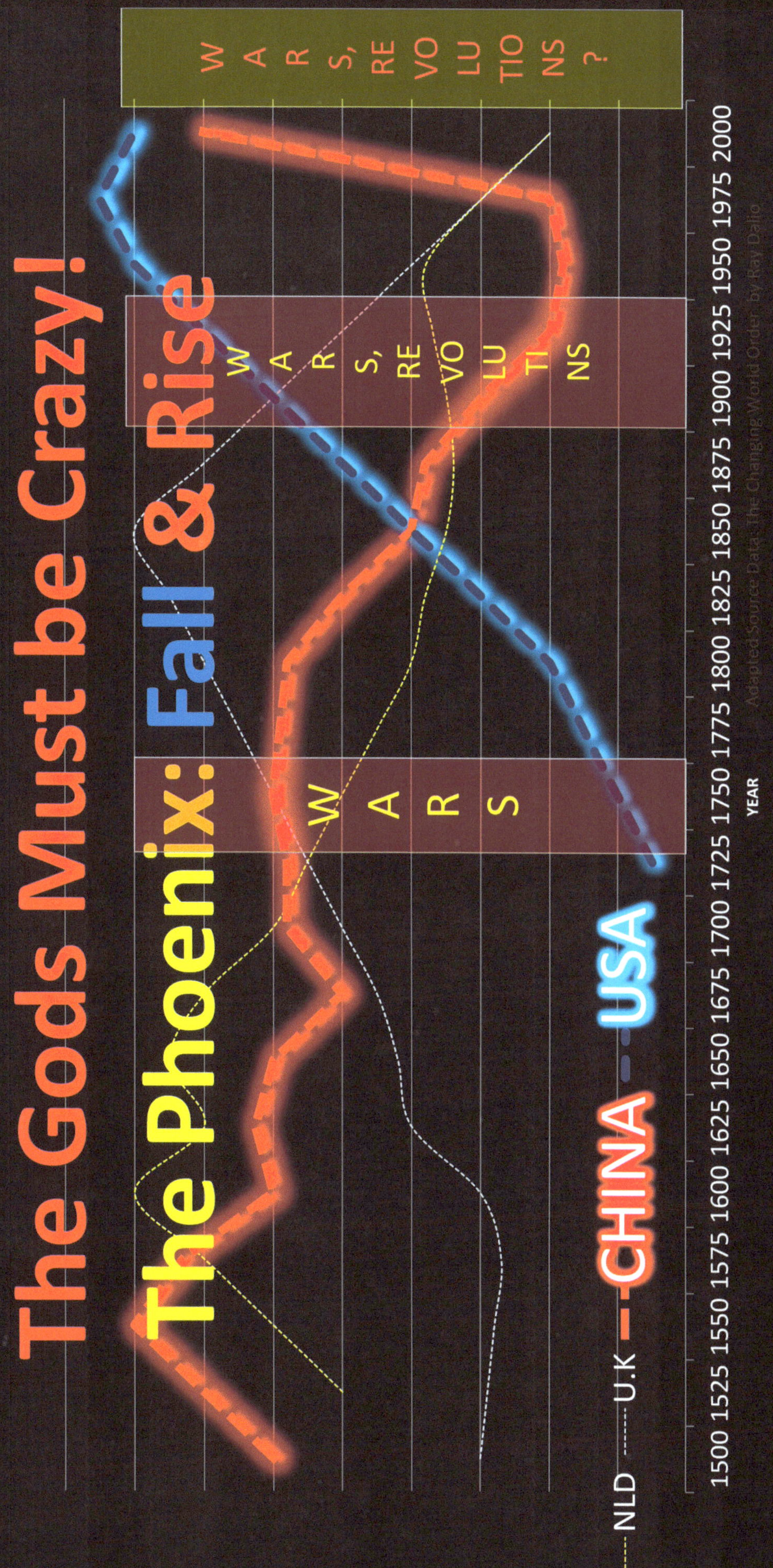

The Gods Must be Crazy!

The Phoenix: Fall & Rise

WARS, REVOLUTIONS?

WARS, REVOLUTIONS

WARS

NLD ------- U.K ---- CHINA ---- USA

1500 1525 1550 1575 1600 1625 1650 1675 1700 1725 1750 1775 1800 1825 1850 1875 1900 1925 1950 1975 2000

YEAR

Adapted Source Data: The Changing World Order by Ray Dalio

www.EBM.Mavericks.com

Ay Yi Yai Yi! We are in the middle of The New World Order!

Ay Yi Yai Yi! We are in the middle of The New World Order!

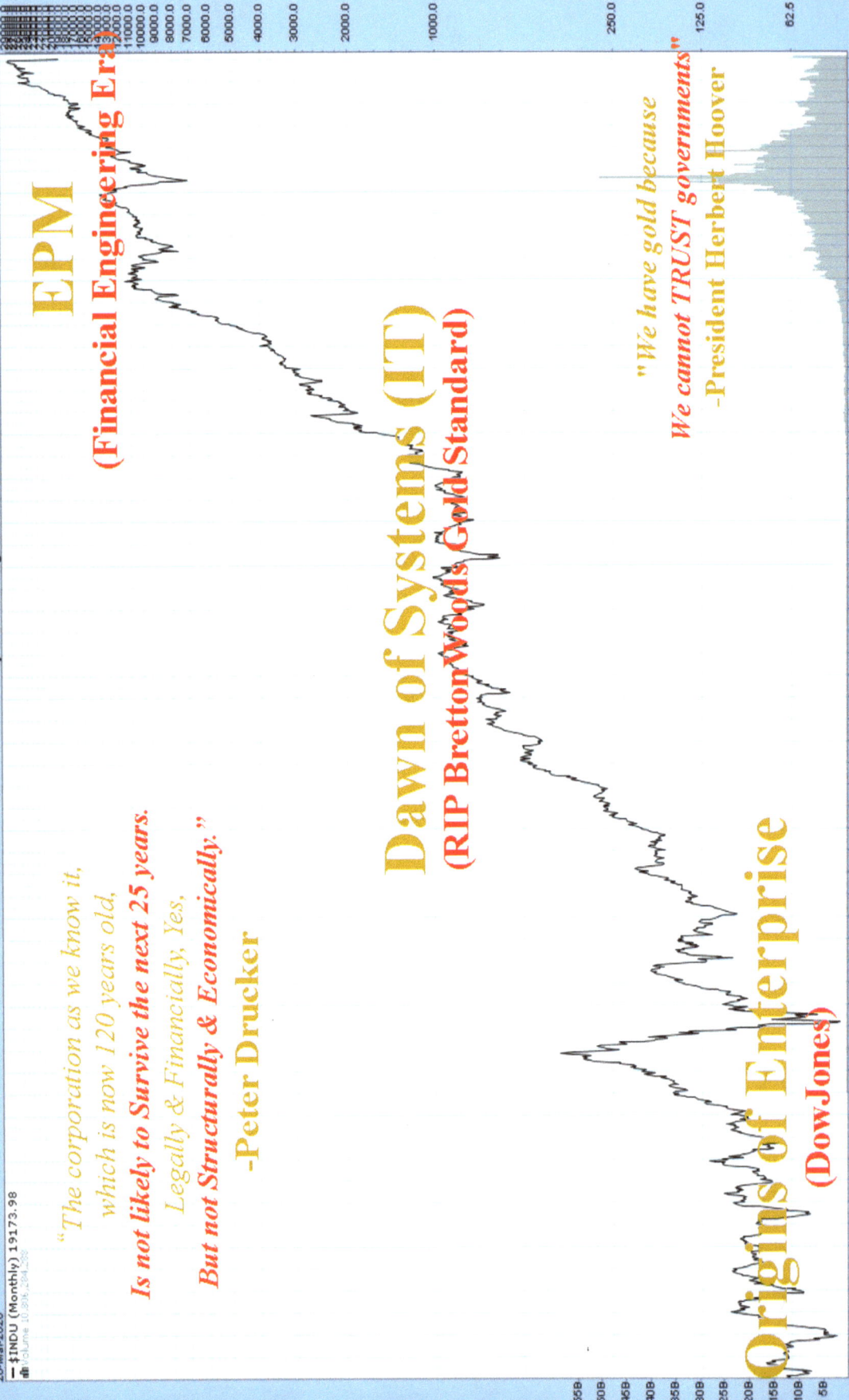

$INDU Dow Jones Industrial Average INDX
20-Mar-2020
Open 25590.51 High 27102.34 Low 18917.46 Close 19173.98 Volume 10.8B Chg -6235.38 (-24.54%) ▼
— $INDU (Monthly) 19173.98
Volume 10,806,204,
© StockCharts.com

EPM
(Financial Engineering Era)

Dawn of Systems (IT)
(RIP Bretton Woods Gold Standard)

Origins of Enterprise
(DowJones)

"The corporation as we know it,
which is now 120 years old,
Is not likely to Survive the next 25 years.
Legally & Financially; Yes.
But not Structurally & Economically."
-Peter Drucker

"We have gold because
We cannot TRUST governments"
-President Herbert Hoover

CORONA (Black Swan)

IL NUOVO ASSETTO DELLE IMPRESE

Metterò alla prova la mia ipotesi usando la previsione che due decenni e mezzo fa fece il mio amato guru della gestione d'impresa:

"L'azienda come la conosciamo oggi ha oramai 120 anni di età e molto probabilmente non sopravvivrà i prossimi 25 anni. Legalmente e finanziariamente, sì, ma non dal punto di vista strutturale ed economico"

—— Peter Drucker, circa nel 2000 ——

"Ogni regno diviso contro se stesso va in rovina; ed ogni città o casa, divisa contro se stessa non può durare".
L'Arte della Guerra di Sun Tzu (476 a.C.-221 a.C.)

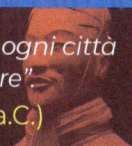

La mia ipotesi, che ho sviluppato a seguito dell'ultimo tsunami economico imperniato sull'indice Dow Jones, è illustrata qui sotto:

I principi centrali dell'ipotesi

La sopravvivenza dell'impresa dipende inscindibilmente dal successo degli ecosistemi che la circondano. L'ecosistema dipende senza dubbio da quell'impero che, fungendo da suo padrino, lo sponsorizza.

Credo che la sopravvivenza dell'Impero padrino dipenda da particolari indici di forza, che sono:

1. Leadership
2. Educazione STEM (scienza, tecnologia, ingegneria e matematica)
3. Ricerca e tecnologia strategica
4. Architettura delle infrastrutture
5. Architettura digitale
6. Gestione della conoscenza
7. Diplomazia
8. Valuta mondiale aurea
9. Dollaro digitale
10. Capitale finanziario
11. Sicurezza
12. Grandi strategie e regolamenti digitali trasformativi

L'immagine qui sotto mostra come sono avvenute negli ultimi secoli le ascese e le cadute di vari imperi padrini.

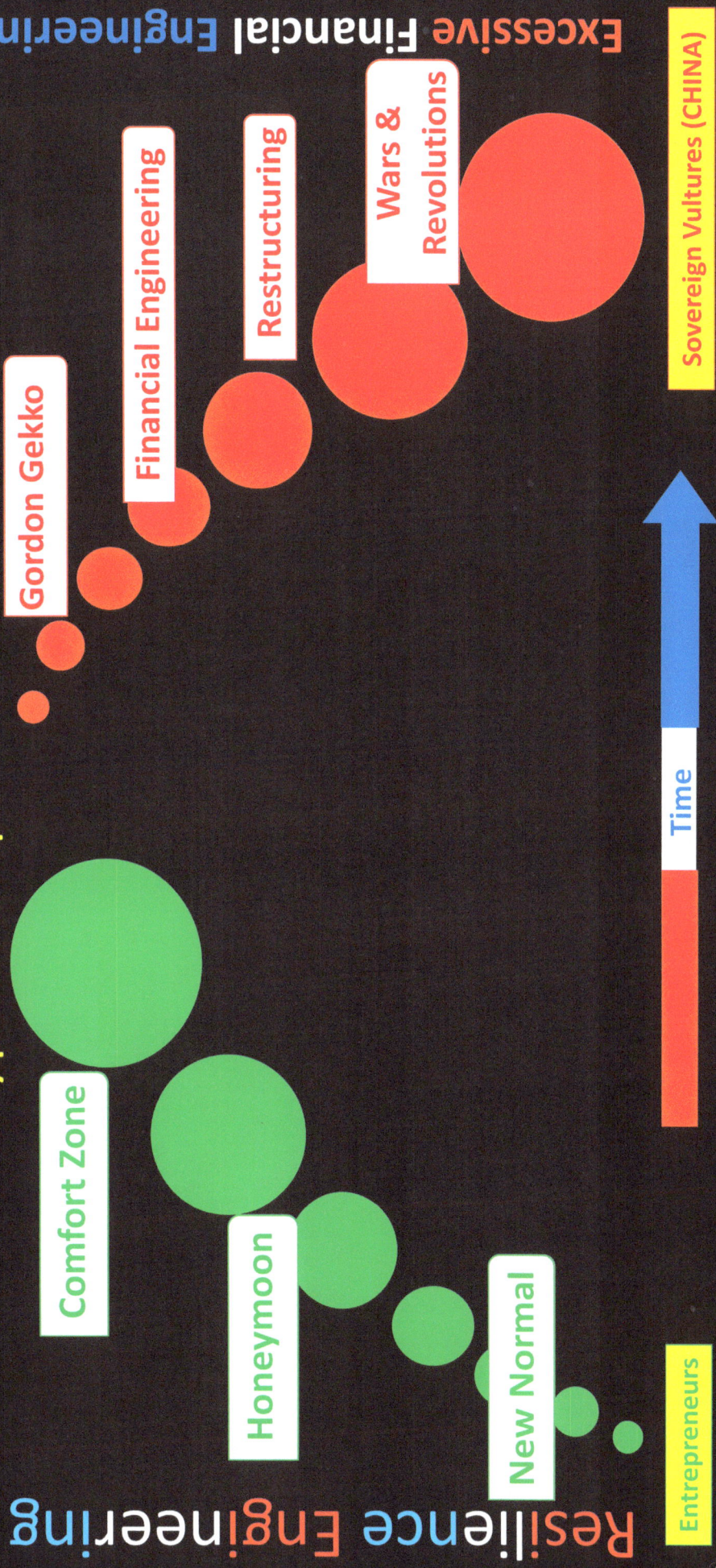

The Gods Must be Crazy!
Typical Empire Rise & Fall

Excessive **Financial Engineering**

Resilience **Engineering**

Time

Comfort Zone

Honeymoon

New Normal

Entrepreneurs

Gordon Gekko

Financial Engineering

Restructuring

Wars & Revolutions

Sovereign Vultures (CHINA)

Ay Yi Yai Yi! We are in the middle of The New World Order!

*"Considerate la vostra semenza:
fatti non foste a viver come bruti, ma per seguir virtute e canoscenza".*

Dante Alighieri

Ay Yi Yai Yi! We are in the middle of The New World Order!

All'inizio di un impero, c'è un periodo somigliante a una luna di miele che viene trascorsa all'insegna dell'armonia tribale e della prosperità. Quando però l'impero si adagia nella sua zona di comfort, diventa troppo sicuro di sé e il suo stile di vita cambia. Quando il suo stile di vita cambia, diventa avido. Il capitalismo si fonda appunto sull'avidità stessa, la quale porta al trionfo di personaggi come Gordon Gekko[52] (l'icona dell'avidità estrema nel classico film premio Oscar "Wall Street") e quindi del capitalismo a leva. Il brivido della giostra delle bolle speculative porta a livelli sempre più alti di testosterone. Un giorno, però, la bolla scoppia e cominciamo a distorcere la realtà (ingegneria finanziaria). La distorsione della realtà ci porterà a spostamenti tettonici più significativi, e poi cominceremo a falsificare il bilancio attraverso il quantitative easing[53]. Infine, quando lo tsunami economico colpisce, ci saranno guerre e rivoluzioni. Tutti gli spazzini si riuniranno e decideranno il nuovo ordine tribale; è questo ciò che ci sta accadendo attualmente.

Purtroppo è solo l'intervallo, America! Il secondo tempo sta per iniziare![54]

Mi auguro sinceramente che, se noi occidentali giochiamo bene le nostre carte vincenti, **possiamo eccellere anche nel nostro secondo tempo.**

"Considerate la vostra semenza:
fatti non foste a viver come bruti, ma per seguir virtute e canoscenza".

—— Dante Alighieri ——

Un drago imponente incombe su di noi da due decenni brandendo la sua bottiglia di champagne e non aspetta altro che di stapparla nell'era post-COVID. Il drago cinese è su una traiettoria ascendente, e noi stiamo cadendo velocemente, il che aumenta solo la minaccia. Credo sinceramente che, se giochiamo bene le nostre carte, possiamo almeno addolcire la curva del declino ed evitare i mutamenti catastrofici.

Gods Must be Crazy!
The Rise of the Dragon

Catacomb of Capitalism

Adapted Source Data: The Changing World Order by Ray Dalio

Ay Yi Yai Yi! We are in the middle of The New World Order!

Ay Yi Yai Yi! We are in the middle of The New World Order!

Si Vis Pacem, Para Bellum

If you want Enterprise peace,

prepare for EPM Architectural war

PENSARE IN MODO DIFFERENTE

(Immagine modificata da: U.S. Army photograph. No. SC 194399) D-Day: Generale Eisenhower (presidente degli Stati Uniti (1953-61), comandante supremo delle forze alleate in Europa occidentale durante la seconda guerra mondiale).

"*MARTIN: Pechino è molto attiva negli aiuti che sta fornendo ai Paesi duramente colpiti dal coronavirus. La preoccupa del fatto che la Cina abbia iniziato a usare il cosiddetto soft power in un modo che minerà ulteriormente l'influenza dell'America sulla scena globale?*

GATES: Sì. E intendono fare di più. E quel che è peggio - come sottolinea il libro - abbiamo indebolito tutti gli strumenti di potere che non siano quelli militari. E la realtà è che se siamo fortunati e intelligenti, non avremo un conflitto militare con la Cina. Ma il conflitto avrà luogo, la rivalità avrà luogo, in tutte queste altre arene, ed è lì che siamo impreparati. E non abbiamo una strategia".

— L'ex segretario alla difesa statunitense Robert Gates (NPR)

Ay Yi Yai Yi! We are in the middle of The New World Order!

La foto ritrae Eleanor Roosevelt, Franklin D. Roosevelt e Teddy Roosevelt (per gentile concessione della Franklin D. Roosevelt Presidential Library and Theodore Roosevelt Collection, Houghton Library, Harvard University)

CHI HA CREATO L'IMPERO CAPITALISTICO DEGLI STATI UNITI?

★ ★

A questo punto sarebbe opportuno esaminare le origini dell'impero americano. I presidenti americani ricoprono la carica più prestigiosa del mondo e prosperano in un posto eccezionale che corrisponde all'epicentro degli eventi nazionali e mondiali. Ho analizzato tutti i nostri presidenti dal 1900 a oggi per scoprire le origini del nostro impero. Chi erano gli imperatori dei bei tempi ormai andati e quali erano i loro principi guida?

"Non dubitare mai che un piccolo gruppo di cittadini coscienziosi ed impegnati possa cambiare il mondo. In verità è l'unica cosa che è sempre accaduta".

— Margaret Mead —

"I guerrieri vittoriosi prima vincono e poi vanno in guerra, mentre i guerrieri sconfitti prima vanno in guerra e poi cercano di vincere".
L'Arte della Guerra di Sun Tzu (476 a.C.-221 a.C.)

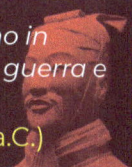

Ho scoperto così che le risposte erano già state trovate un secolo fa. Il grande impero capitalistico americano è stato architettato da Roosevelt nella prima metà del XX secolo – infatti il comandante in capo, il Presidente, è inconfutabilmente l'architetto più significativo della storia mondiale – ma purtroppo esso è stato sistematicamente smantellato e disfatto attraverso un ripudio dello status di superpotenza globale, l'Amerixit (la versione americana dell'autoproclamato Talaq[55], il divorzio nell'Islam). Gli Stati Uniti hanno bisogno di ritornare al "Dust Bowl" da cui Roosevelt una volta salvò il capitalismo. A seguito della seconda guerra mondiale, i Roosevelt hanno creato il contesto per la pace durata 75 anni e la prosperità del mondo. Hanno anche gettato le basi per l'ONU, l'OMS, l'UNESCO, l'UNICEF, i diritti umani e altro. Invece di smantellare queste istituzioni e spingerci verso il Quarto Reich, dobbiamo sforzarci di migliorarle e renderle più solide.

L'economia statunitense, che Roosevelt ha costruito, rappresentava circa il 40% (nel 1960) del PIL mondiale. Ora è meno del 15% in PPA e sta calando rapidamente. Nel frattempo la Cina ha superato il 20%[56] e procede a vele spiegate. È tempo di imparare dagli architetti originali del capitalismo statunitense. Dobbiamo prepararci alla guerra imminente per poter ricostruire, prima che sia troppo tardi.

Dobbiamo pregare per riportare il buon vecchio "New Deal" e leader genuini come i Roosevelt (Theodore, FDR ed Eleanor). Loro, un secolo fa, affrontarono difficoltà simili durante momenti storici difficili come la prima guerra mondiale, l'influenza spagnola, la grande depressione e la seconda guerra mondiale. Dobbiamo cercare le nostre carte vincenti sbiadite nella polvere primordiale dei Roosevelt. Quelle *carte erano vincenti e figurano nella seguente lista, ma adattate alla situazione odierna):*

1. Leadership
2. Educazione STEM (scienza, tecnologia, ingegneria e matematica)
3. Ricerca e tecnologia strategica
4. Architettura delle infrastrutture
5. Architettura digitale
6. Gestione della conoscenza
7. Diplomazia
8. Valuta mondiale aurea
9. Dollaro digitale
10. Capitale finanziario
11. Sicurezza
12. Grandi strategie e regolamenti digitali trasformativi

Theodore Roosevelt (Presidente repubblicano degli Stati Uniti dal 1901 al 1909):

"Passare all'azione, darsi da fare", era il suo motto in tutte le circostanze, politiche e non.

The Gods Must be Crazy!

The Rise & Fall Measures of Empires

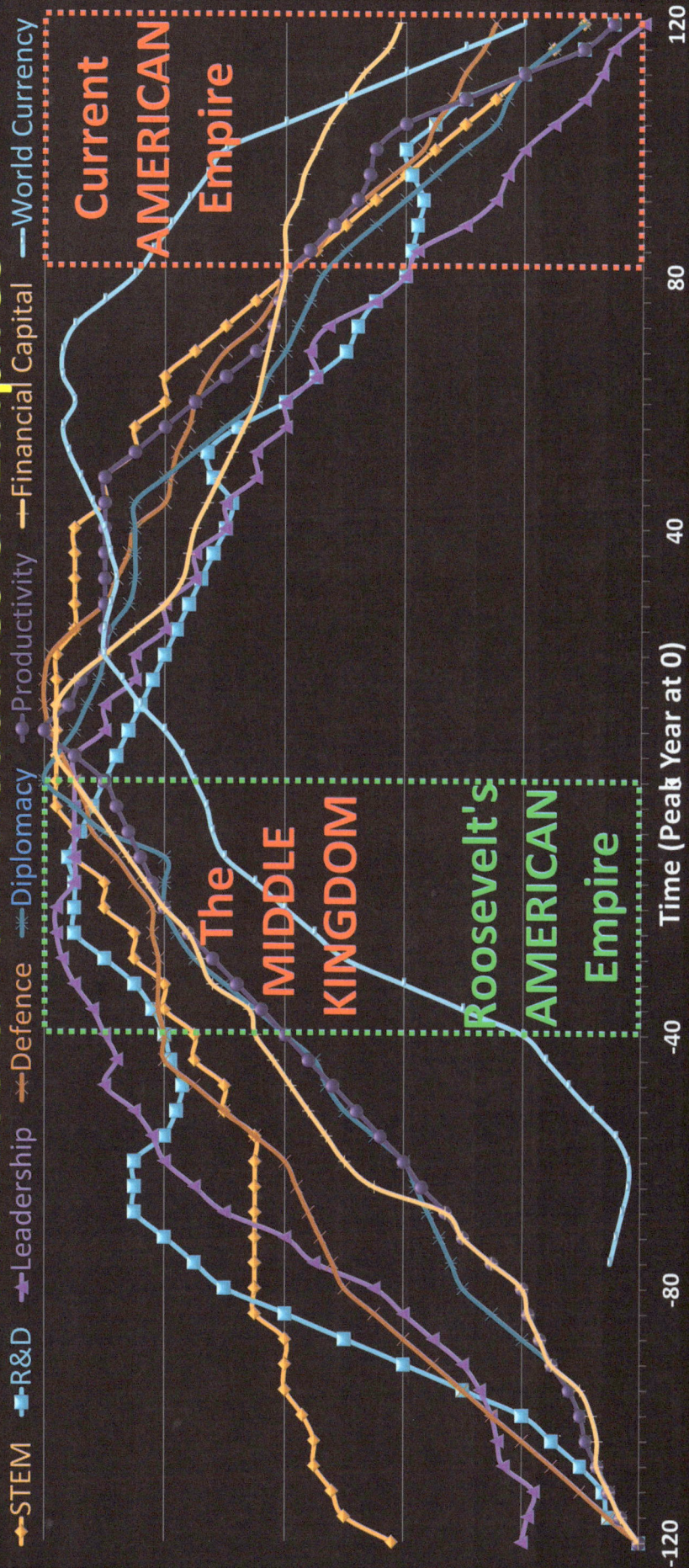

Legend: STEM, R&D, Leadership, Defence, Diplomacy, Productivity, Financial Capital, World Currency

Current AMERICAN Empire

The MIDDLE KINGDOM

Roosevelt's AMERICAN Empire

Time (Peak Year at 0)

120 80 40 -40 -80 -120

Theodore Roosevelt fu il più giovane presidente degli Stati Uniti. Fu un pioniere del movimento progressista. Theodore lottò per le sue politiche nazionali "Square Deal", garantendo ai cittadini l'uguaglianza , abbattendo i trust cattivi, migliorando le ferrovie e la genuinità di cibo e farmaci. Fece della conservazione della natura una priorità assoluta e istituì molti nuovi parchi nazionali, foreste e monumenti per preservare le risorse naturali della nazione.

Per quanto riguarda la politica estera, Roosevelt si concentrò sull'America Centrale, dove iniziò la costruzione del Canale di Panama. Theodore Roosevelt ampliò la marina statunitense e inviò la sua Grande Flotta Bianca, una nuova forza navale, in un lungo viaggio intorno al mondo per promuovere il potere marittimo degli Stati Uniti. Gli interventi di successo di Theodore Roosevelt per negoziare la fine della guerra russo-giapponese gli valsero il premio Nobel per la pace nel 1906.

Franklin D. Roosevelt *(Presidente democratico degli Stati Uniti per quattro mandati dal 1933 fino alla sua morte nel 1945):*

Mentre noi abbiamo ancora problemi a produrre in quantità qualcosa di così essenziale, ma necessario, come le mascherine anche con il Defense Production Act[57]. Franklin D. Roosevelt gestì il primo anno di produzione sovrabbondante della nazione. Il programma ultra-produttivo portò a 45.000 aerei, 45.000 carri armati, 20.000 cannoni antiaerei e 8 milioni di tonnellate di nuove navi.

Nonostante la poliomielite paralizzante, che lo colpì all'età di 39 anni, egli divenne Presidente degli Stati Uniti a 50 anni. Fu il nostro incrollabile comandante in capo e guidò questo paese attraverso due grandi catastrofi (la Grande Depressione e la Seconda Guerra Mondiale). Franklin D. Roosevelt è stato comandante in capo più a lungo di qualsiasi altro presidente. La sua eredità plasma ancora la nostra comprensione del ruolo del Governo e della presidenza.

Le politiche e la personalità di Franklin D. Roosevelt hanno stabilito quale fosse il modello di riferimento per la presidenza moderna. Incoraggiando sia il rispetto che il disprezzo, Franklin D. Roosevelt ha esercitato una leadership coraggiosa durante il periodo più tumultuoso nella storia della nazione dopo la guerra civile. Fu eletto per un totale di quattro elezioni presidenziali e divenne una figura centrale negli eventi globali per tutta la prima metà del XX secolo.

Attraverso le prove della Grande Depressione, Roosevelt guidò il Governo federale, eseguendo il suo programma interno New Deal in risposta alla peggiore crisi economica nella storia degli Stati Uniti. La "rete di sicurezza" governativa da lui creata sarebbe stata la sua eredità più incredibile e una fonte di controversie continue. È considerato dagli studiosi uno dei più grandi presidenti della nazione dopo George Washington e Abraham Lincoln.

Eleanor Roosevelt

Era definita la "First Lady del mondo". Per più di trent'anni Eleanor Roosevelt fu la donna più potente d'America. Milioni di persone la adoravano, ma il suo dossier dell'FBI era più consistente di una pila di elenchi telefonici. Parlò senza timore di diritti civili, e il Ku Klux le mise una taglia sulla testa.

(Modifica dell'originale: Library of Congress Prints and Photographs Division Washington, D.C, sotto l'ID digitale ppmsca.35645)

Eleanor aiutò Franklin D. Roosevelt a salire al potere e divenne la sua risorsa politica più preziosa per questo veniva additata come una sgradevole impicciona dai media. Lei però perseverò indifferente allo scherno continuo, lottando instancabilmente per la giustizia sociale a favore di tutti e assumendo un ruolo di primo piano nella Dichiarazione dei Diritti Umani, punto di riferimento delle Nazioni Unite.

Franklin Roosevelt entrò alla Casa Bianca nel mezzo della Grande Depressione, che iniziò nel 1929 e durò circa un decennio. Il presidente e il Congresso implementarono presto una serie di iniziative di ripresa dalla crisi economica note come il New Deal. Eleanor viaggiò attraverso gli Stati Uniti come first lady, fungendo da occhi e orecchie del marito e riferendo a lui. Il presidente Harry S. Truman più tardi la chiamò "First Lady of the World" in omaggio alle sue conquiste in ambito di diritti umani.

Dovremmo tornare alla dottrina capitalistica iniziale, quella dei tempi di Roosevelt:

"Nel momento presente della storia del mondo, quasi ogni nazione deve scegliere dei modi di vita alternativi. La scelta troppo spesso non è libera. Uno stile di vita si basa sulla volontà della maggioranza e si distingue per libere istituzioni, libere elezioni, libertà di parola e religione ... L'alternativa a questo stile di vita si basa sul terrore e sull'oppressione, su una stampa e radio controllate, su elezioni fisse e sulla repressione delle libertà personali. Credo che la politica degli Stati Uniti debba sostenere i popoli liberi che resistono ai tentativi di sottomissione da parte di minoranze armate o pressioni esterne. Credo che sia nostro dovere aiutare i popoli liberi a elaborare il proprio destino a modo loro

....

I semi dei regimi totalitari sono alimentati dalla miseria e dal bisogno. Essi si diffondono e crescono sul suolo malvagio della povertà e della contesa. Essi raggiungono il loro pieno sviluppo quando la speranza di un popolo in una vita migliore è morta. Noi dobbiamo mantenere in vita tale speranza. I popoli liberi del mondo si rivolgono a noi per ottenere l'aiuto necessario a mantenere le loro libertà. Se noi veniamo meno alla nostra funzione di guida, possiamo mettere in pericolo la pace del mondo e metteremo sicuramente in pericolo il benessere di questa nazione.".

La dottrina Truman (1947)

"L'abilità del comandante consiste nel piegare le forze del nemico senza alcun combattimento, nell'impadronirsi delle città senza assediarle, nel conquistare lo stato nemico senza lunghe operazioni militari".
L'Arte della Guerra di Sun Tzu (476 a.C.-221 a.C.)

(Fonte: Leon Perskie Portraits, 1944, FDR Presidential Library & Museum)

THE UNIVERSAL DECLARATION
OF Human Rights

(Modificato da: FDR Presidential Library & Museum)

(Fotografia di: US Army e PD-USGov-Military-Army) Yalta summit 1945, con Churchill, Roosevelt, Stalin

UNA PROPOSTA PER RIPORTARE IN VITA LA CASA DEI ROOSEVELT

> "Le relazioni opportunistiche difficilmente hanno carattere duraturo. La relazione tra persone onorevoli, anche a distanza, non fiorisce maggiormente in tempi caldi e non perde le sue foglie in tempi freddi: continua immutabile attraverso le quattro stagioni, diventa sempre più stabile man mano che passa attraverso l'agio e il rischio".
> L'Arte della Guerra di Sun Tzu (476 a.C.-221 a.C.)

La mia proposta si concentra sulle strategie che abbiamo evidenziato in precedenza e che sono volte a rilanciare le imprese occidentali. Tali strategie sono le seguenti:

1. Leadership
2. Educazione STEM (scienza, tecnologia, ingegneria e matematica)
3. Ricerca e tecnologia strategica
4. Architettura delle infrastrutture
5. Architettura digitale
6. Gestione della conoscenza
7. Diplomazia
8. Valuta mondiale aurea
9. Dollaro digitale
10. Capitale finanziario
11. Sicurezza
12. Grandi strategie e regolamenti digitali trasformativi

Il grafico a radar qui sotto presenta una panoramica tra l'era capitalista di Roosevelt e l'America di oggi, in contrasto con i progressi fatti dai cinesi. I dettagli saranno spiegati in ogni sezione (chiedo anche l'opinione di voi lettori per convalidare e/o aggiornare questi grafici).

Con il sostegno del Governo, le imprese cinesi colonizzano efficacemente il mondo influenzando finanziariamente più di 150 Paesi con almeno 10.000 miliardi di dollari di diplomazia della trappola del debito, tramite strategie quali La nuova via della seta e altri progetti di infrastrutture ad alta tecnologia.

Il sistema capitalistico del 19° secolo è gestito dai corrotti PAC e dei lobbisti della palude (Washington DC), dal Private Equity di Gordon Gekko e dai raider aziendali, molti dei quali sono finanziati dai cinesi. Il processo decisionale algoritmico di Wall-Street guidato da Twitter è una vergogna. I nostri opinionisti aziendali si disconnettono presto dalla realtà del 96% del resto dell'umanità. Vivono in una torre d'avorio e si concentrano solo su un' eccessiva ingegneria finanziaria. Quasi nessuna crescita della produttività o delle vendite si è verificata nell'ultimo decennio. Nonostante questo, il Dow Jones è salito più del 250% negli ultimi dieci anni, principalmente attraverso l'ingegneria finanziaria. Gli schemi per "arricchirsi rapidamente" hanno dilapidato un ingente patrimonio e le fondamenta stesse del capitalismo vacillano.

Dovremmo ristrutturare le nostre imprese per procedere verso il 22° secolo, imparando dal meglio dei tedeschi e dell'Est (Singapore, Cina, Giappone, Corea del Sud, ecc.). La sopravvivenza dell'impresa è strettamente legata all'ascesa e alla caduta dei suoi imperi padrini, come abbiamo potuto constatare negli ultimi cinque secoli. Gli ingegneri della resilienza del partito comunista cinese spendono strategicamente trilioni di dollari per eliminare spietatamente molti dei loro prodighi padroni occidentali di ingegneria finanziaria capitalistica, specialmente sulle invenzioni della 22esima generazione. Le imprese semi governative si sono liberate dal retaggio dei loro maestri di licenza occidentali alla Gordon Gekko e dei partners stranieri in favore di migliori prodotti e servizi.

In sintesi, per liberarci dai nuovi padroni autoritari comunisti, abbiamo bisogno di raddoppiare gli investimenti delle nostre imprese nelle seguenti aree:

The Gods Must be Crazy!
US vs China Competitiveness Dashboard
(Representative Example scores)

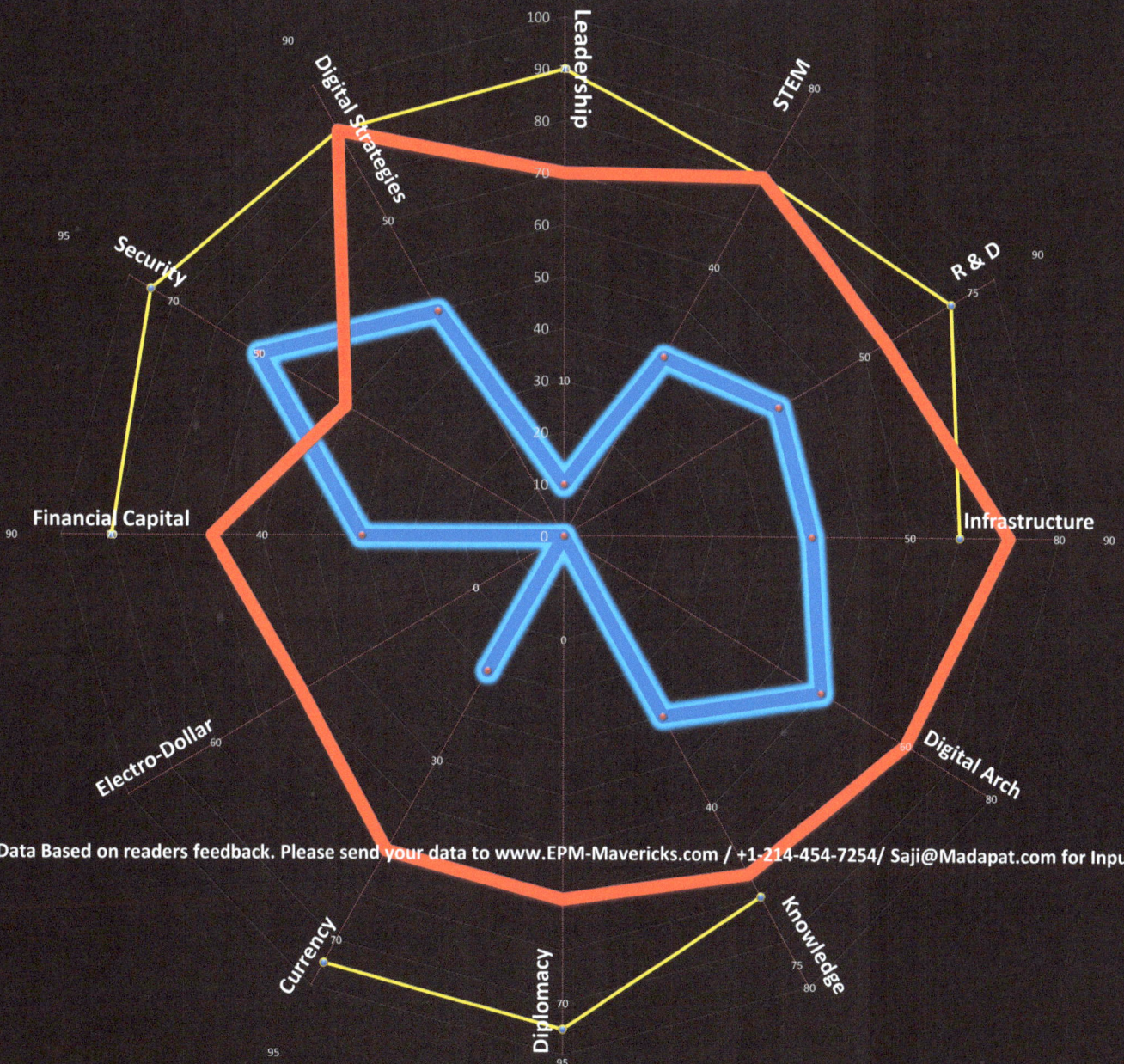

Roosevelt's USA Current USA CHINA

Data Based on readers feedback. Please send your data to www.EPM-Mavericks.com / +1-214-454-7254/ Saji@Madapat.com for Input

Ay Yi Yai Yi! We are in the middle of The New World Order!

1. Leadership

> *"Chi è veramente esperto nell'arte della guerra sa vincere l'esercito nemico senza dare battaglia, prendere le sue città senza assieparle, e rovesciarne lo Stato senza operazioni prolungate".*
>
> L'Arte della Guerra di Sun Tzu (476 a.C.-221 a.C.)

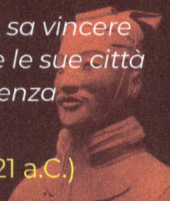

La Harvard Kennedy School afferma: *"Il PCC si prepara a celebrare il 100° anniversario della sua fondazione e il partito sembra essere forte come sempre. La sua più profonda resilienza è fondata sul sostegno popolare alla politica del regime".* Questo documento di ricerca sul Partito Comunista Cinese (PCC) fa parte di una serie pubblicata dall'Ash Center for Democratic Governance and Innovation della John F. Kennedy School of Government dell'Università di Harvard.

"Ci sono poche prove a sostegno dell'idea che il PCC stia perdendo legittimità agli occhi del suo popolo. Infatti, la nostra indagine mostra che, attraverso una vasta gamma di metriche, nel 2016 il Governo cinese era più popolare che in qualsiasi altro periodo delle due decadi precedenti. In media i cittadini cinesi hanno riferito che la fornitura da parte del Governo di assistenza sanitaria, benessere e altri servizi pubblici essenziali era di gran lunga migliore e più equa di quando il sondaggio è iniziato nel 2003.

....

Di conseguenza non è emerso alcun segno reale di un crescente malcontento tra i principali gruppi demografici della Cina, mettendo in dubbio l'idea che il Paese stesse affrontando una crisi di legittimità politica".

— Università di Harvard (luglio 2020) —

"Attualmente soltanto il 17% degli americani afferma di potersi fidare del fatto che il Governo di Washington faccia ciò che è giusto "quasi sempre" (3%)"

— Pew Research Center (Fiducia pubblica nel Governo: 1958-2019) —

Dal momento che la storia tende a ripetersi inesorabilmente, è necessario dotarsi di una classe dirigente resiliente, come i Roosevelt, per gestire il nostro impero e la nostra impresa. Sarebbe ora che emergessero leader come Franklin D. Roosevelt: leader che possano trasformare la malattia COVID-19 in un'esortazione al coraggio, alla tenacia e alla speranza. Franklin D. Roosevelt è stato il miglior Presidente degli Stati Uniti. Ci ha portato alla ribalta della scena storica mondiale costruendo le basi del capitalismo e dell'impresa moderna. Dobbiamo pregare per i leader visionari, come i Roosevelt, che apriranno la strada della redenzione verso il futuro per ricondurci alla *città splendente sulla collina.*

Nel frattempo negli Stati Uniti d'America:

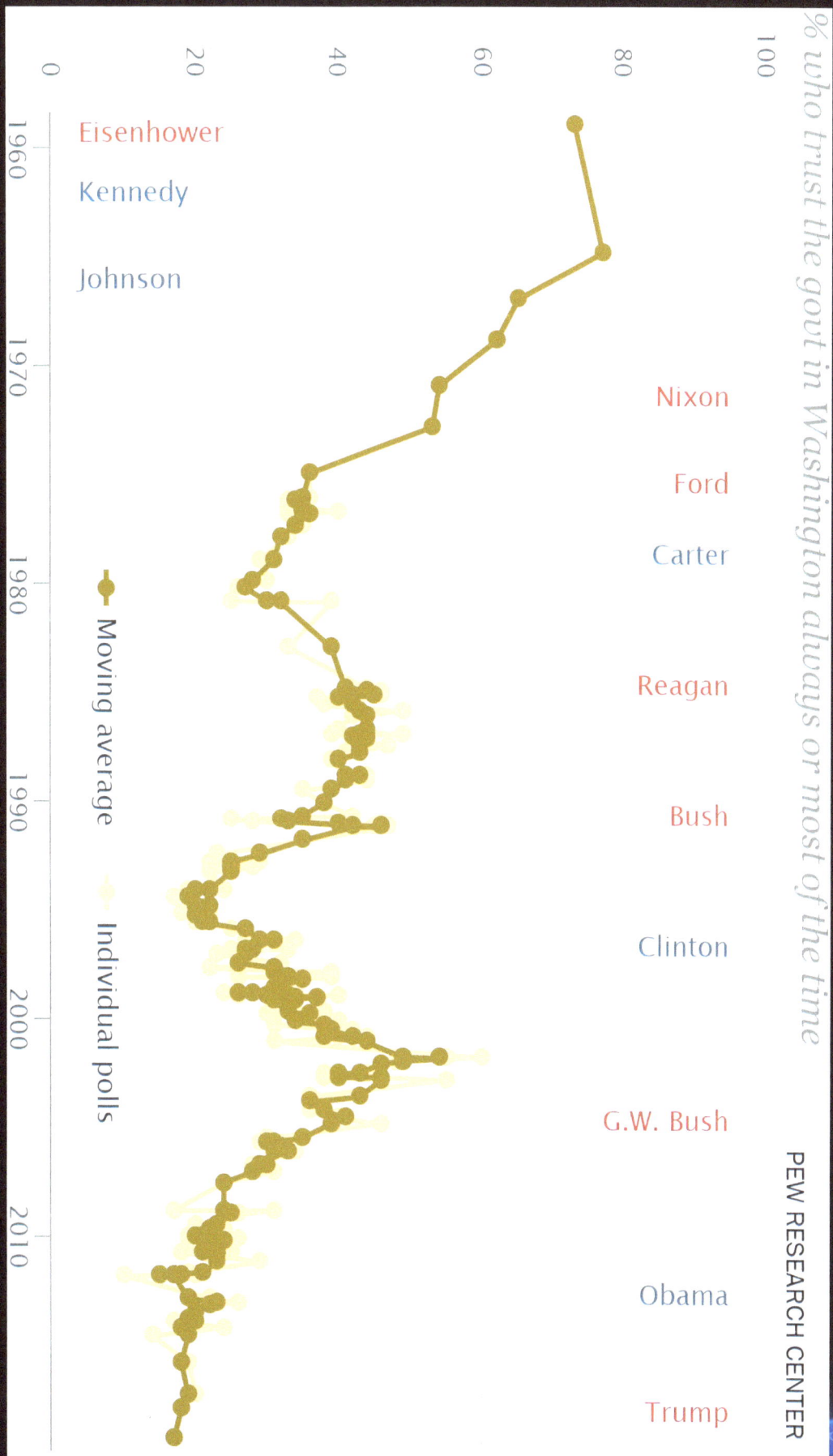

% who trust the gov't in Washington always or most of the time

0	20	40	60	80	100

1960 Eisenhower

Kennedy

Johnson

1970 Nixon

Ford

Carter

1980 Reagan

Moving average

1990 Bush

Individual polls

2000 Clinton

G.W. Bush

2010 Obama

Trump

PEW RESEARCH CENTER

(Protette nel Regno Unito dal diritto d'autore) stretta di mano tra Winston Churchill e Joseph Stalin alla presenza del Presidente Roosevelt fuori dal Palazzo di Livadija durante la conferenza di Yalta, Febbraio 1945.

Visto che attraversiamo una catastrofe climatica esistenziale, abbiamo bisogno di profeti come Theodore Roosevelt, che riconobbe l'importanza di preservare i beni di cui siamo dotati. Il presidente creò 150 foreste nazionali, cinque parchi nazionali, 51 riserve ornitologiche federali, quattro riserve di caccia nazionali e 18 monumenti nazionali su oltre 230 milioni di acri di terra pubblica.

Nell'era del movimento "Black lives matter" (Le vite nere contano), possiamo solo prendere ad esempio la "First Lady del mondo" (Eleanor Roosevelt), la quale ridefinì la nazione sulla base degli sforzi umanitari e della lotta per la giustizia sociale.

Franklin D. Roosevelt fu colpito dalla poliomielite che lo rese disabile compromettendo seriamente l'uso degli arti inferiori, ma egli reagì alla malattia con audacia, perseveranza e ottimismo. Franklin D. Roosevelt divenne in seguito disabile a causa della poliomielite, che lo paralizzò dalla vita in giù, ma resistette alla malattia con audacia, persistenza e ottimismo. Come comandante in capo, guidò la nazione attraverso la Grande Depressione e fece superare al Paese la crisi bancaria. Come avvenne durante la Grande Depressione, anche ora stiamo cercando di affrontare una ripresa economica che dipende da milioni di decisioni complesse da parte di milioni di giocatori, la maggior parte dei quali ha interessi personali. Quando la gente perse la fiducia nell'establishment e nei suoi sistemi, Roosevelt risolse la crisi finanziaria ristabilendo la fiducia nel sistema.

I nostri leader dovrebbero imparare da questi diplomatici di buona fede, che hanno costruito dei ponti relazionali con gli interlocutori nei momenti più critici della storia. Grazie alla perseveranza e alla leadership, Franklin Roosevelt ricevette un sostegno e una cooperazione senza pari dal Congresso durante la Grande Depressione e la Seconda Guerra Mondiale. Lavorò con Winston Churchill e altri leader mondiali per gettare le basi delle Nazioni Unite e di molti altri organismi globali, ottenendo oltre settantacinque anni di pace e prosperità. Collaborò persino con il comunista Joseph Stalin per sconfiggere l'asse del male nella seconda guerra mondiale. Padroneggiava l'arte del compromesso e della diplomazia, di cui oggi si sente la mancanza a Washington e nel mondo geopolitico. Aprì un canale di comunicazione con gli uomini e le donne del popolo, in patria e nel mondo, tramite le sue *chiacchierate al caminetto*.

Le vicissitudini che dobbiamo superare al momento, le quali costituiscono una minaccia sia per il nostro impero e sia per le rive sabbiose delle nostre architetture aziendali, renderebbero necessaria la presenza di leader come i Roosevelt, che sappiano quindi ricostruire e guidarci verso la *città splendente sulla collina*:

1. Ispirandoci con una visione, una strategia e una tabella di marcia per il nostro futuro
2. Guidandoci con speranza e fiducia, non importa quanto sia incerto il futuro
3. Compiendo azioni audaci con determinazione e risolutezza
4. Collaborando con tutte le parti interessate e persino negoziando con i nostri potenziali nemici per sviluppare un piano d'azione
5. Prendendo decisioni all'insegna del bene comune, sebbene non politicamente corrette.

È giunto il momento di capire se il Regno di Mezzo sta giocando bene le sue carte. Non c'è molto tempo da perdere. Il nostro impero e le nostre imprese necessitano di leader nobili e intelligenti, come i Roosevelt, leader che abbiano fiducia in se stessi, determinazione, integrità e diplomazia, in assenza dei quali ci apprestiamo inevitabilmente a soccombere.

2. discipline STEM (scienza, tecnologia, ingegneria e matematica)

> *"La conoscenza profonda consiste nell'essere consapevoli del disordine prima del disordine, essere consapevoli del pericolo prima del pericolo, essere consapevoli della distruzione prima della distruzione, essere consapevoli della calamità prima della calamità. Le misure forti consistono nell'allenare il corpo senza essere oppressi dal corpo, esercitare la mente senza essere usati dalla mente, lavorare nel mondo senza essere influenzati dal mondo, svolgere compiti senza essere ostacolati dai compiti".*
>
> L'Arte della Guerra di Sun Tzu (476 a.C.-221 a.C.)

La storia ha dimostrato come sia stata la qualità dell'educazione a costituire la spina dorsale degli imperi. Un'istruzione solida rappresenta la colonna vertebrale che sostiene la crescita. Sulla base dei punteggi dei test PISA del 2015, gli Stati Uniti hanno già raggiunto un perentile basso del mondo sviluppato, il quindicesimo percentile.

Sfortunatamente l'istruzione pubblica e il finanziamento scolastico sono risultati i più penalizzati dai tagli di bilancio, specialmente nell'era post-COVID. L'educazione STEM è la più costosa di tutte e la prima "vittima" in caso di tagli di bilancio. Inoltre l'attuale situazione economica ha portato ad alti tassi di disoccupazione, il che porta a instabilità in patria, che alla lunga si traduce in scarsi risultati accademici, una mancanza di opportunità e un reddito ridotto. Questi fattori sviluppano un circolo vizioso che porta a instabilità socioeconomiche e geopolitiche in tutto il mondo.

Nell'attuale contesto politico, l'istruzione è diventata l'ultima voce in ordine di importanza. Oltre ai cambiamenti politici, dobbiamo studiare soluzioni creative, come le partnership tra filantropia, governo e imprese, per affrontare questo tipo di sfide. Dobbiamo stabilire partenariati pubblico-privato simili a quelli tedeschi per l'istruzione e la formazione tecnica e professionale (TVET).

Come a Singapore, in Germania, in Cina, in Giappone, in Corea del Sud e in India, il Governo deve assumere un ruolo di leadership attiva nell'istruzione pubblica. Il Governo dovrebbe premiare e riconoscere gli insegnanti in base alle loro capacità. Allo stato attuale, gli Stati Uniti certificano ogni anno un numero significativamente inferiore di ingegneri laureati rispetto alla Cina o anche all'India.

Secondo il rapporto 2018 dell'OCSE (Organizzazione per la Cooperazione e lo Sviluppo Economico), gli Stati Uniti spendono più di ogni altra nazione per il college. "Le spese per studente sono esorbitanti, e non hanno praticamente alcuna relazione con ciò che gli studenti possono ottenere in cambio"[58].

The Gods Must be Crazy!
The Future (Degrees) of Science & Enginering

Thousands

—China —United States —EU top 6

Source: Edicational statistics of OECD, NBS (China)

Year

★ ★

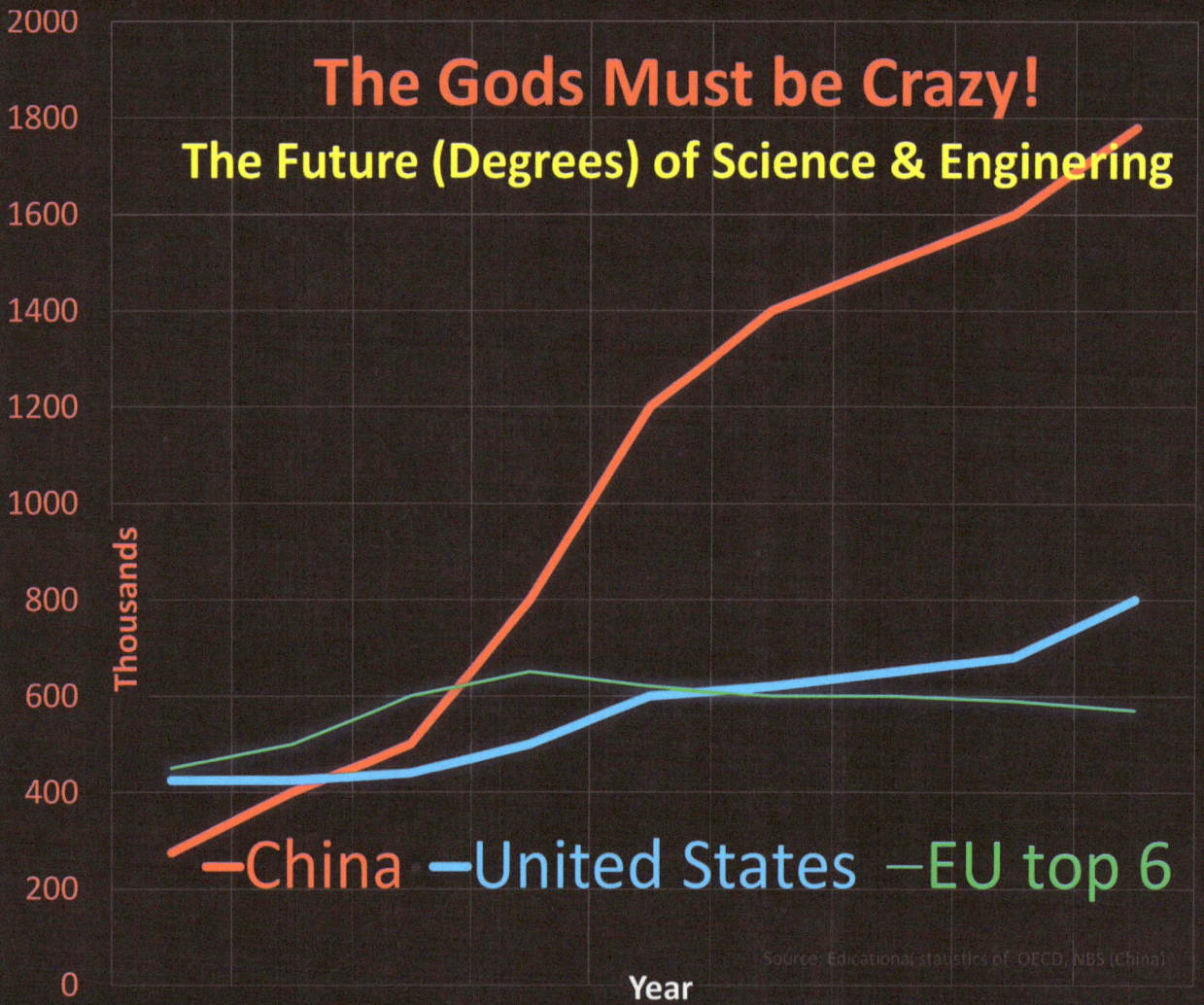

La colpa è della decadenza - appartamenti di lusso per studenti, pasti costosi, e "la mania per gli sport atletici". Abbiamo bisogno di trasformare il sistema educativo e di iniziare collaborazioni con filantropi come Bill Gates e Bloomberg per formare e preparare la forza lavoro per il 22° secolo. Per esempio, nell'IT:

★ I sistemi IT/Business devono evolvere da Transazionale->Operativo->Analisi Predittiva AI BOTs (Automazione Robotica in Cloud)

★ Oltre all'IT, la contabilità tradizionale e la maggior parte delle funzioni aziendali (specialmente quelle ripetitive) sono sul punto di essere automatizzate da IA BOT nel cloud

La nostra forza lavoro deve essere AI-ready, poiché l'automazione robotica e l'IA saranno mali necessari per la produttività e la crescita economica. Milioni di persone in tutto il mondo avranno bisogno di cambiare occupazione o aggiornare le competenze. Mckinsey stima che *un numero compreso tra 400 e 800 milioni di persone potrebbe essere sostituito dall'automazione e queste persone dovranno trovare un nuovo lavoro entro il 2030. Sul totale dei rimpiazzati, dai 75 milioni ai 375 milioni potrebbero aver bisogno di cambiare categoria occupazionale e imparare nuove competenze.*

3. Ricerca e tecnologia strategica

> *"Se conosci il nemico e te stesso, la tua vittoria è sicura. Se conosci te stesso ma non il nemico, le tue probabilità di vincere e perdere sono uguali. Se non conosci il nemico e nemmeno te stesso, soccomberai in ogni battaglia".*
> L'Arte della Guerra di Sun Tzu (476 a.C.-221 a.C.)

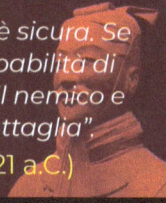

L'azienda più prestigiosa d'America ha perso il proprio smalto? A parte i riacquisti di azioni e la mungitura dei vecchi iPhone, che sono tecnologicamente generazioni indietro rispetto ai concorrenti dell'est, quali innovazioni ha portato Apple nell'ultimo decennio? Apple sembra essere morta assieme a Steve Jobs.

Gli unicorni della Silicon Valley si stanno affacciando all'esterno, soprattutto all'est. Sembra che anche la Silicon Valley abbia perso la propria strada.

> *"Il capitale di rischio e l'economia delle start-up tecnologiche stanno creando un pericoloso e gigantesco "schema Ponzi ad alta posta in gioco" assieme a una bizzarra "Bolla Ponzi".*
>
> ———————— Chamath Palihapitiya ————————
> (Investitore miliardario ed ex Vicepresidente di Facebook per la crescita degli utenti)

I cinesi sono all'avanguardia della frontiera tecnologica in aree comuni come elettronica, macchinari, automobili, ferrovie ad alta velocità e aviazione. Anzi, stanno anche determinando innovazioni tecnologiche in aree emergenti come il 5G, le energie rinnovabili, l'energia nucleare avanzata, le tecnologie di telecomunicazione di prossima generazione, i big data e i supercomputer, l'IA, la robotica, la tecnologia spaziale e il commercio elettronico.

Nel 2018 i cinesi hanno depositato quasi il 50% delle domande di brevetto in tutto il mondo, con un record di 1,54 milioni nell'alta tecnologia. Un numero notevole paragonato agli Stati Uniti, i cui brevetti depositati sono invece meno di 600.000. I livelli di deposito di brevetti di intelligenza artificiale della Cina hanno superato gli Stati Uniti nel 2014, e da allora la Cina ha tenuto un alto tasso di crescita.

La maggior parte dei dirigenti cinesi è composta da ingegneri che adottano una prospettiva strategica di resilienza e valore a lungo termine, senza ricorrere alle scorciatoie di ingegneria finanziaria a brevissimo termine. Optano quindi per le tecnologie a lungo termine del 22° secolo, tra cui l'intelligenza artificiale, il cloud computing, l'analisi dei grandi dati, la blockchain e Tecnologie dell'informazione e della comunicazione (ICT).

Man mano che la "via della seta digitale" cinese si espande, le sue pseudo-imprese avranno intuizioni inestimabili sui dati a livello globale: un po' come fanno i FAANG (Facebook, Apple, Amazon, Netflix e Google) i quali utilizzano l'aggregazione dei dati in tempo reale per analizzare il comportamento dei clienti dell'Occidente. Essendo associate al Governo cinese, queste pseudo imprese avranno un accesso privilegiato a tutti i soggetti del Regno di Mezzo, a differenza dei loro concorrenti occidentali. Quelle cinesi avranno privilegi straordinari nelle prossime tecnologie di frontiera come IoT (Internet of Things), IA (intelligenza artificiale), e veicoli autonomi per almeno due terzi del mondo attraverso la piattaforma DSR.

Sfortunatamente, in occidente, le architetture aziendali di oggi e le tecnologie precedenti al WWW (World Wide Web) sono gestite da ingegneri finanziari esperti in "sepolcri imbiancati". I loro progetti non hanno alcuna relazione con l'era digitale. Come accadeva nel periodo dei Roosevelt, le università dovrebbero investire e nutrire le industrie di base attraverso partenariati pubblico-privato, in modo simile a quello che vediamo accadere in Cina, Giappone, Corea del Sud e Germania.

4. Infrastructure Architecture

> *"Il generale vincitore, prima che venga combattuta una battaglia, fa molte riflessioni nella sua tenda. Il generale che perde la battaglia non fa che pochi calcoli in anticipo".*
>
> L'Arte della Guerra di Sun Tzu (476 a.C.-221 a.C.)

The Gods Must be Crazy!
The Future of Artificial Intelligence
(AI Patent Applications)

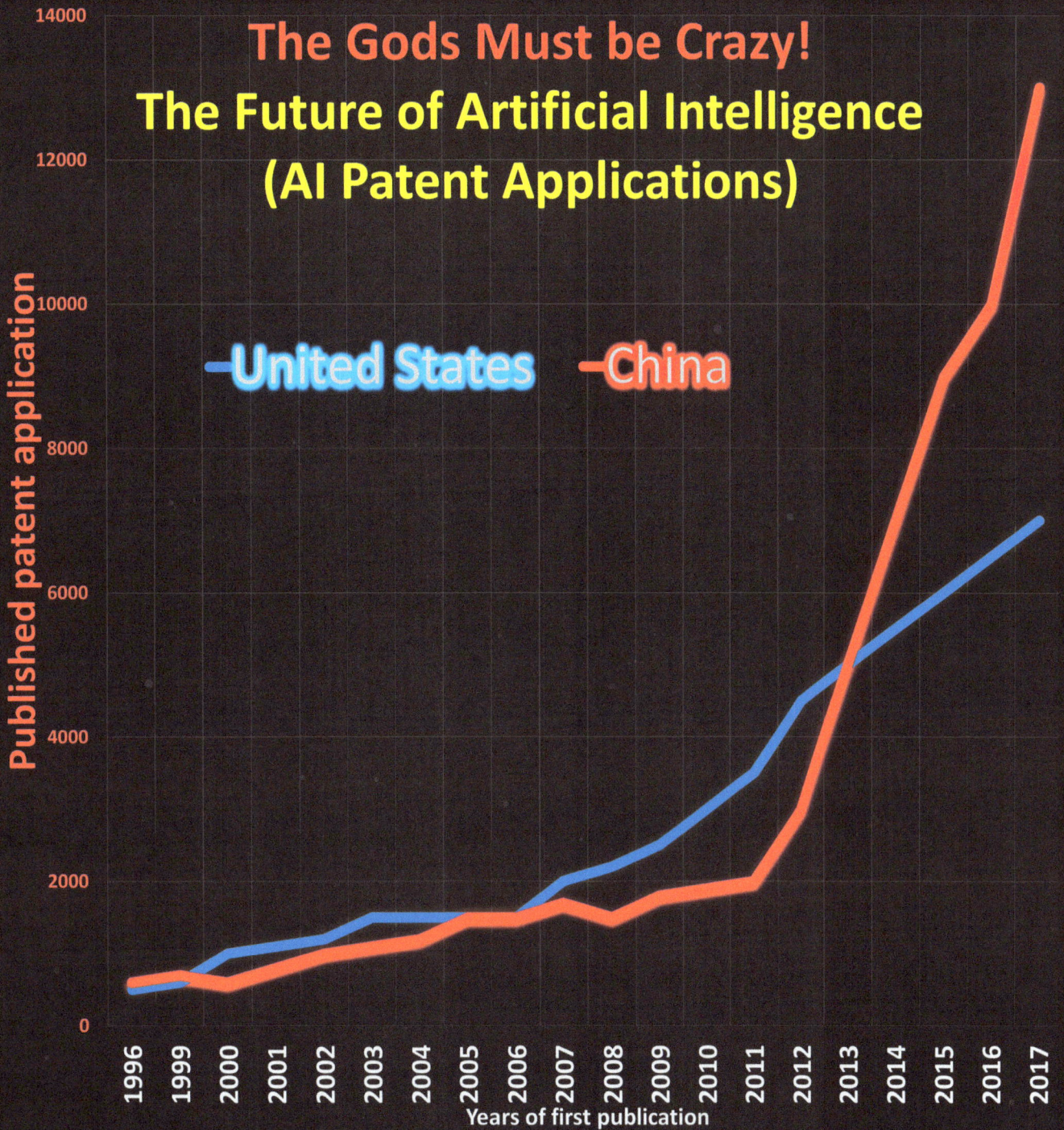

United States — China

Published patent application

Years of first publication

Per sopravvivere, dobbiamo elaborare una versione moderna del "New Deal" che Franklin D. Roosevelt attuò un secolo fa in circostanze simili. Proprio come lui, dobbiamo investire in modo significativo sulle nostre fatiscenti infrastrutture.

Mentre la Cina cerca di conquistare economicamente, dobbiamo rivedere la nostra versione progressiva del Piano Marshall globale per contrastare la nuova via della seta e le infrastrutture tecnologiche della Cina.

Railroadlines Under Construction

Railroadlines Existing

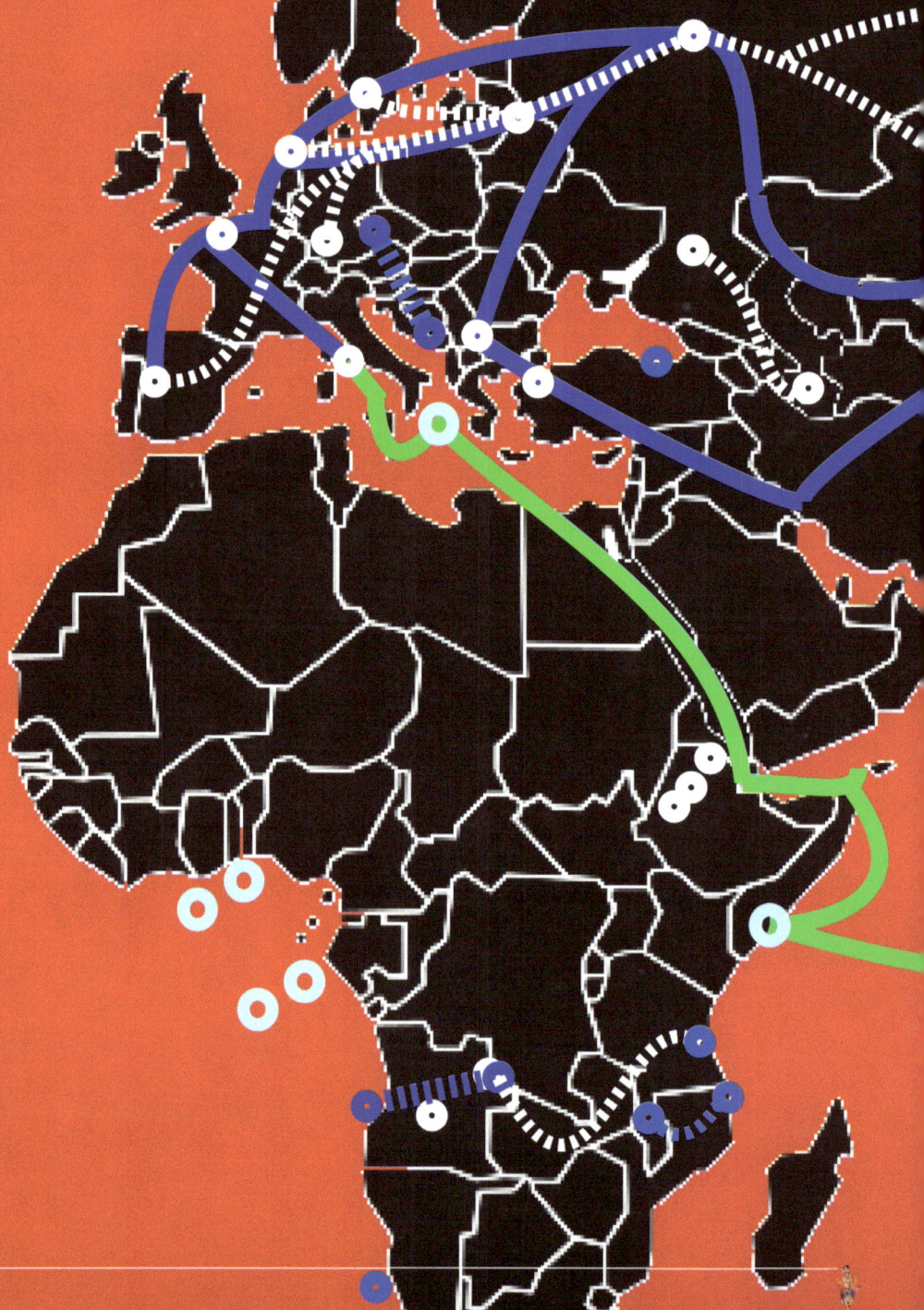

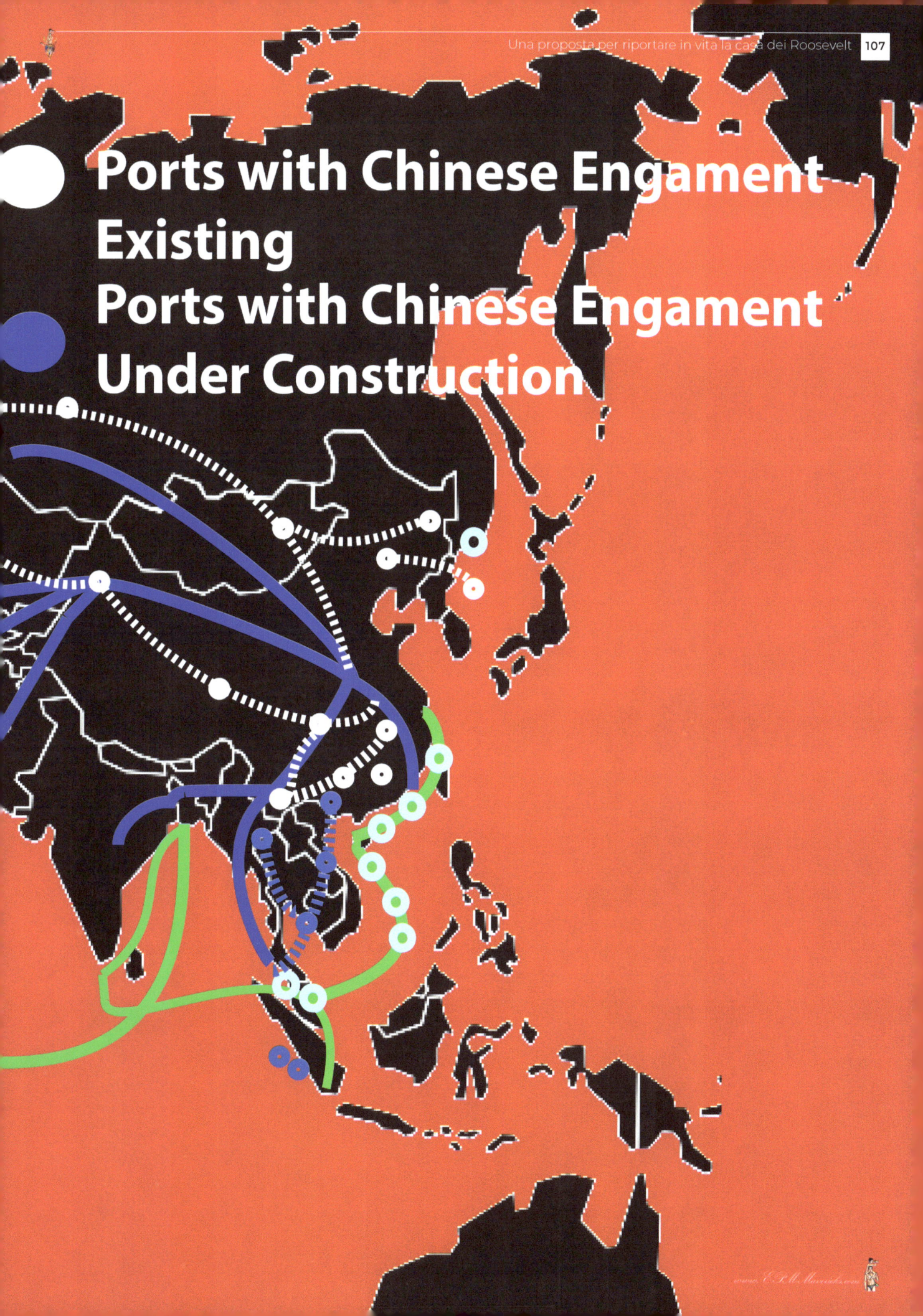

**Ports with Chinese Engament
Existing
Ports with Chinese Engament
Under Construction**

- ★ Abbiamo bisogno di rinvigorire l'imprenditorialità attraverso partnership pubblico-privato e università.

- ★ Il Governo dovrebbe assumere la proprietà di azioni in imprese strategiche, aiutandole a riprendersi.

- ★ Il Governo dovrebbe monitorare le società di private equity e i venture capitalist nelle industrie critiche, specialmente nella Silicon Valley. Un considerevole finanziamento predatorio proviene dalla Cina con l'intento di rubare la nostra proprietà intellettuale, che è una potenziale minaccia alla sicurezza nazionale.

- ★ Dobbiamo eliminare l'obsoleto sistema di immigrazione e concentrarci sul merito. Molti dei nostri leader innovativi dell'alta tecnologia sono il risultato di un'immigrazione di alto livello.

- ★ Come fece Roosevelt, dobbiamo interrompere i monopoli e smantellare le corporazioni troppo grandi per fallire le quali creano barriere all'innovazione.

"Le piccole, medie e microimprese (PMI) costituiscono il 99% delle imprese dell'UE. Forniscono due terzi dei posti di lavoro nel settore privato e contribuiscono a più della metà del valore aggiunto totale creato dalle imprese dell'Unione".

— BERS (Banca Europea per la Ricostruzione e lo Sviluppo) —

5. Architettura digitale

"Prima prepara i piani che ti assicureranno la vittoria, e poi conduci il tuo esercito alla battaglia; se non inizierai con lo stratagemma ma ti affiderai alla sola forza bruta, la vittoria non sarà più assicurata"

"I piani del comandante siano oscuri ed impenetrabili come la notte affinché, quando si muove, arrivi come il fulmine".

L'Arte della Guerra di Sun Tzu (476 a.C.-221 a.C.)

"Dobbiamo cogliere le opportunità offerte dalla digitalizzazione industriale e dall'industrializzazione digitale, accelerare la costruzione di nuove infrastrutture come le reti 5G e i data center, e accelerare la disposizione di industrie strategiche emergenti e future come l'economia digitale, la vita e la salute e i nuovi materiali".

— Xi Jinping, Segretario Generale del Partito Comunista Cinese —

La Cina ha già firmato accordi specifici per la Via della Seta Digitale con molti degli attuali Paesi partner della Nuova Via della Seta (BRI). La via della seta digitale è un cavallo di Troia che permette a Pechino di aumentare la sua influenza in tutto il mondo e di farlo senza concorrenza. È la porta di servizio digitale per aziende tecnologiche cinesi come Huawei, Tencent e Alibaba che mirano ad espandere le proprie impronte commerciali globali e silurare i concorrenti occidentali.

Mentre noi siamo bloccati in guerre 2G/3G/4G, la Cina balza alla modalità di espansione 5G e ora sta guardando al 6G. Più di un anno fa, la Cina ha concesso licenze operative a China Mobile, China Unicom e China Telecom. Nel 2019, queste imprese statali di telecomunicazioni hanno iniziato a lanciare le reti 5G nelle città di tutto il paese. Partendo da 50000 stazioni base nel 2019, la Cina ha già superato mezzo miliardo di abbonamenti 5G. Ha aggiunto almeno 190000 nuove stazioni base 5G solo nella prima metà del 2021[59].

Carrier	5G subs total (millions)	New 5G subs in 2021 (millions)	5G base stations	New 5G base stations 2021	Total subscribers (millions)
China Mobile	251	86	501,000	111,000	946
China Unicom	121	42.2	460,000	80,000	310
China Telecom	131	44.5	460,000	80,000	362
Totals	503	172.7	1,421,000*	271,000	1,618

Fonte: https://www.theregister.com/2021/08/20/china_5g_progress/

La Cina possiede o partecipa alla costruzione di quasi il 30% dei cavi attuali in Asia e punta a più del 50% delle azioni a breve. Huawei 5G è più all'avanguardia delle reti dei concorrenti occidentali e viene commercializzato a basso costo al resto del mondo. Il sistema di navigazione satellitare cinese ha più satelliti del sistema di navigazione GPS allineato agli USA. Almeno trenta Paesi della Nuova Via della Seta (BRI) hanno già firmato per la rete di navigazione BeiDou.

Oltre alla colonizzazione economica, dato che la Cina cerca di colonizzare digitalmente, dobbiamo esaminare la nostra versione evolutiva del Piano Marshall digitale globale per contrastare la Nuova Via della Seta e le infrastrutture tecnologiche della Cina.

Sarà un compito erculeo per le imprese occidentali mettersi al passo con le quasi-imprese monolitiche cinesi finanziate dallo stato come Alibaba, Huawei, Tencent e ZTE, che forniscono prodotti all'avanguardia a un prezzo stracciato, grazie ai sussidi.

6. Gestione della conoscenza

"Tratta i tuoi soldati come tuoi bambini, ed essi ti seguiranno nelle valli più profonde; sorvegliali come i tuoi amati figli, ed essi ti rimarranno accanto anche fino alla morte. Se però sei indulgente, ma incapace di far sentire la tua autorità; di buon cuore , ma incapace di far eseguire i tuoi ordini; ed incapace inoltre di reprimere i disordini, allora i tuoi soldati devono essere paragonati a bambini viziati: essi sono inutili a qualsiasi scopo pratico ".

L'Arte della Guerra di Sun Tzu (476 a.C.-221 a.C.)

Ciò di cui abbiamo bisogno oggi è un'ingegneria ad alta tecnologia e resiliente - non un'ingegneria finanziaria che serve solo a sperperare ciò che già abbiamo. La produttività delle riserve di conoscenza di un'impresa, i suoi dipendenti, sono la chiave del suo successo. La gestione della conoscenza è sotto il controllo di una cultura del lavoro di squadra, dell'apprendimento e dell'inventiva. La responsabilizzazione del team porta all'impresa della conoscenza, che è la base per il futuro dell'organizzazione. Purtroppo, nel

China's Global Infrastructure Footprint

contesto odierno, le risorse di conoscenza sono i primi elementi considerati sacrificabili. Ricevono lo stesso trattamento dei centri di costo di responsabilità, il che ha portato all'attuale numero di disoccupati: che ammonta a circa quaranta milioni.

Sono le conoscenze la spina dorsale delle imprese, non le passività.

> *"L'abile datore di lavoro degli uomini impiegherà l'uomo saggio, l'uomo coraggioso, l'uomo avido e l'uomo stupido. Perché l'uomo saggio si diletta a consolidare il suo merito, l'uomo coraggioso ama mostrare il proprio coraggio nell'azione, l'uomo avido coglie prontamente i vantaggi, e l'uomo stupido non ha paura della morte".*
>
> L'Arte della Guerra di Sun Tzu (476 a.C.-221 a.C.)

La simulazione di McKinsey mostra che *entro il 2030, fino al 30-40% di tutti i lavoratori nei Paesi sviluppati dovranno passare a nuove occupazioni o aggiornare le loro competenze in modo significativo*[60]. Ci attendono trasformazioni tettoniche che riguardano circa il 60% dei posti di lavoro; oltre il 30% delle attività costitutive si automatizzeranno. Fortunatamente suggeriscono anche che il numero di lavoratori qualificati, che già scarseggia, diventerà ancora più esiguo. La pandemia COVID-19 sta già accelerando uno spostamento verso la digitalizzazione e l'automazione.

★ ★

Evolution of Knowledge Enterprise

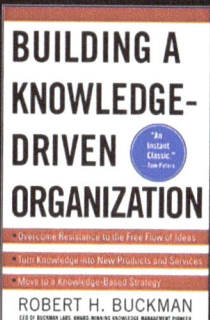

"90% of the knowledge in the organization is in the heads of the people. Management spends 75 % of their time on the knowledge that is written down."
- Bob Buckman

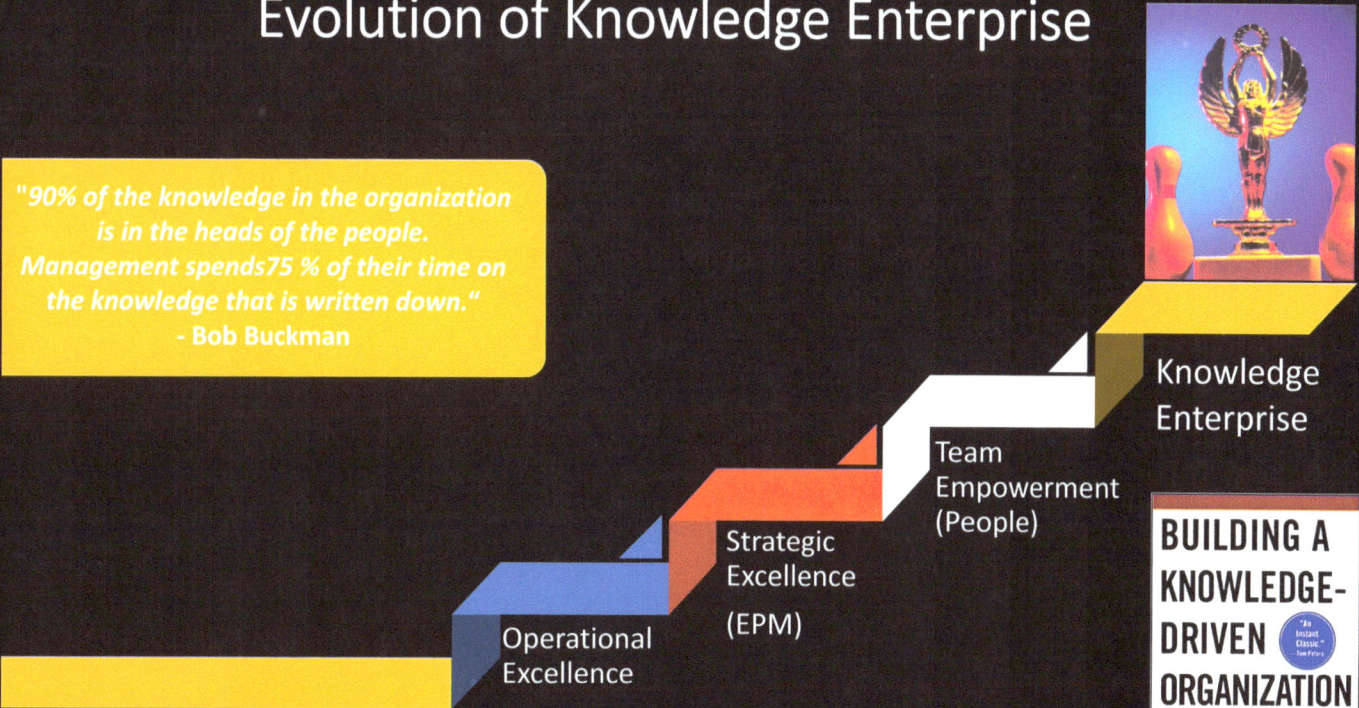

Operational Excellence

Strategic Excellence (EPM)

Team Empowerment (People)

Knowledge Enterprise

BUILDING A KNOWLEDGE-DRIVEN ORGANIZATION

"An Instant Classic" Tom Peters

Overcome Resistance to the Free Flow of Ideas
Turn Knowledge into New Products and Services
Move to a Knowledge-Based Strategy

ROBERT H. BUCKMAN
CEO OF BUCKMAN LABS, AWARD-WINNING KNOWLEDGE MANAGEMENT PIONEER

The Gods Must be Crazy!
The Future of Artificial Intelligence
(AI Patent Applications)

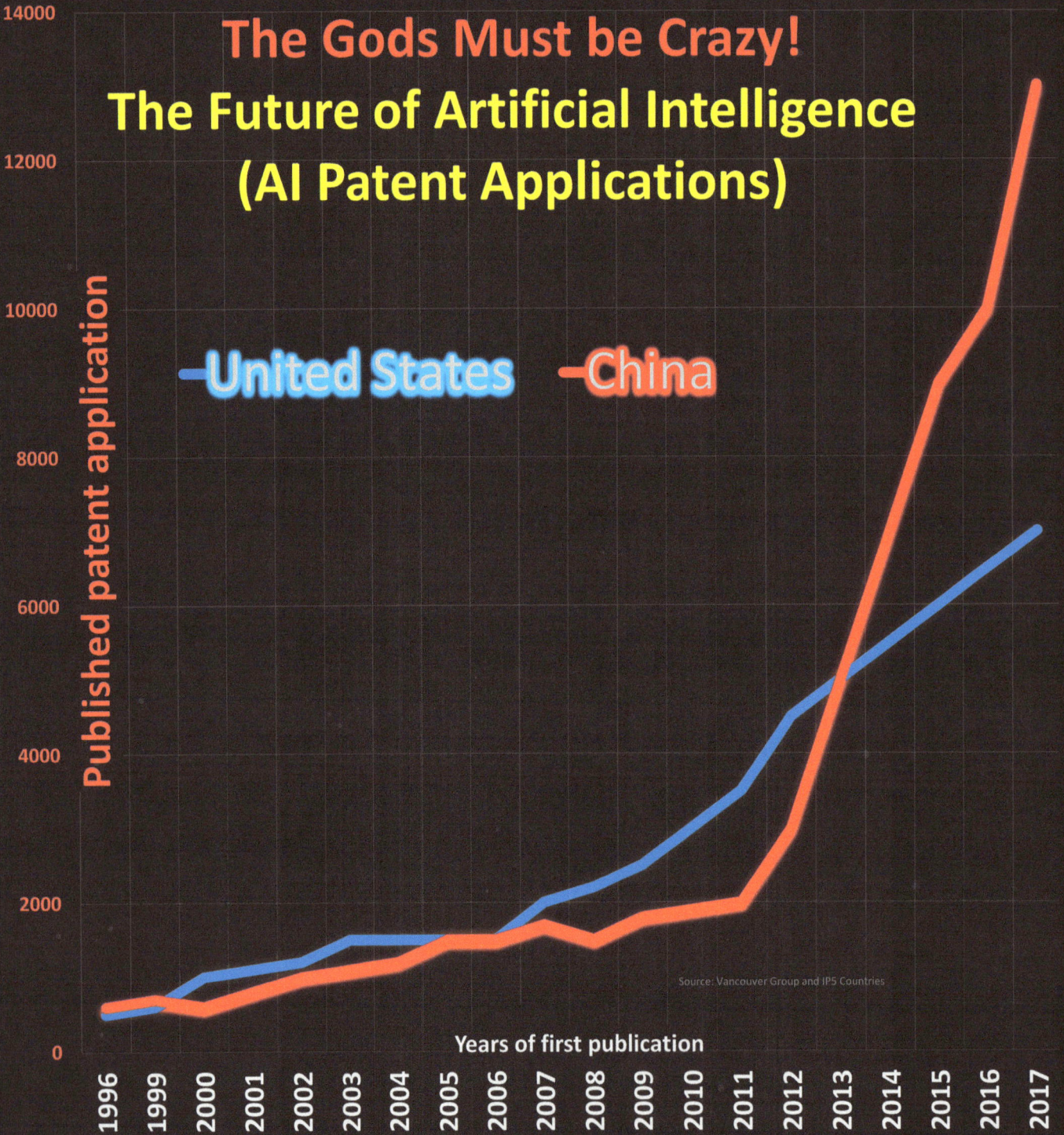

Published patent application

— **United States**   — **China**

Source: Vancouver Group and IP5 Countries

Years of first publication

14000
12000
10000
8000
6000
4000
2000
0

1996 1999 2000 2001 2002 2003 2004 2005 2006 2007 2008 2009 2010 2011 2012 2013 2014 2015 2016 2017

Gli Stati Uniti erano il leader globale della conoscenza in ogni settore, dall'agricoltura alla salute, alla difesa, all'energia e a una serie di altre aree. Purtroppo, come mostra il grafico qui sotto, gli investimenti federali hanno sperimentato un lungo e costante declino del PIL. Questa dissolvenza degli investimenti statunitensi è la ricetta per il declino economico e strategico. Nel frattempo, la Cina sta accelerando i suoi investimenti e raccogliendone i frutti.

7. Diplomazia

> *"Tieni i tuoi amici vicini, i tuoi nemici ancora più vicini".*
> L'Arte della Guerra di Sun Tzu (476 a.C.-221 a.C.)

Oggi abbiamo la necessità di costruire ponti diplomatici e abbattere i muri, non costruirli. Invece di ritirarci e lasciare che la Cina assuma il comando, dovremmo fare uno scatto in avanti per riprendere il comando rinnovando completamente le nostre alleanze commerciali come quelle con l'OMC, la Banca Mondiale, il FMI, l'ONU e l'OMS, che Roosevelt ha costituito subito dopo la seconda guerra mondiale. Dobbiamo assicurarci la leadership del Partenariato Trans-Pacifico (TPP) e prepararci a prendere provvedimenti per contrastare la Cina. Il Partenariato Trans-Pacifico era un accordo commerciale proposto tra Australia, Brunei, Canada, Cile, Giappone, Malesia, Messico, Nuova Zelanda, Perù, Singapore, Vietnam e Stati Uniti, firmato nel 2016. Disgraziatamente la precedente amministrazione sotto il presidente Trump si è ritirata dalla partnership nel 2017, e la Cina ha subito tratto vantaggio dalla ritirata degli Stati Uniti.

Durante gli anni di Roosevelt gli Stati Uniti erano il paese più rispettato a livello globale, con il maggior numero di investimenti internazionali netti (in termini di percentuale del PIL). Fino a circa gli anni '80 gli Stati Uniti possedevano più beni stranieri di quanto gli stranieri ne possedessero di propri. Dagli anni 1990, grazie al suo stile di vita decadente e costoso, gli Stati Uniti hanno venduto i loro preziosi beni agli stranieri.

A partire dal 2016 la Cina (124) è uno dei principali partner commerciali della maggior parte dei Paesi. Quel numero è più del doppio di quello degli Stati Uniti (56). È preoccupante che gli "spazi" americani siano in vendita per i ricchi donatori. Le tipiche campagne presidenziali costano miliardi di dollari, e tutto è in vendita per i ricchi e potenti. Spendiamo circa il 5.000% più nel bilancio della difesa che nel Dipartimento di Stato. Citando Robert Gates (ex segretario alla difesa), *"ci sono più bande musicali militari che militari stessi nell'intero corpo dei servizi esteri degli Stati Uniti"*.

> *"Le relazioni opportunistiche difficilmente hanno carattere duraturo. La relazione tra persone onorevoli, anche a distanza, non fiorisce maggiormente in tempi caldi e non perde le sue foglie in tempi freddi: continua immutabile attraverso le quattro stagioni, diventa sempre più stabile man mano che passa attraverso l'agio e il rischio"*
> L'Arte della Guerra di Sun Tzu (476 a.C.-221 a.C.)

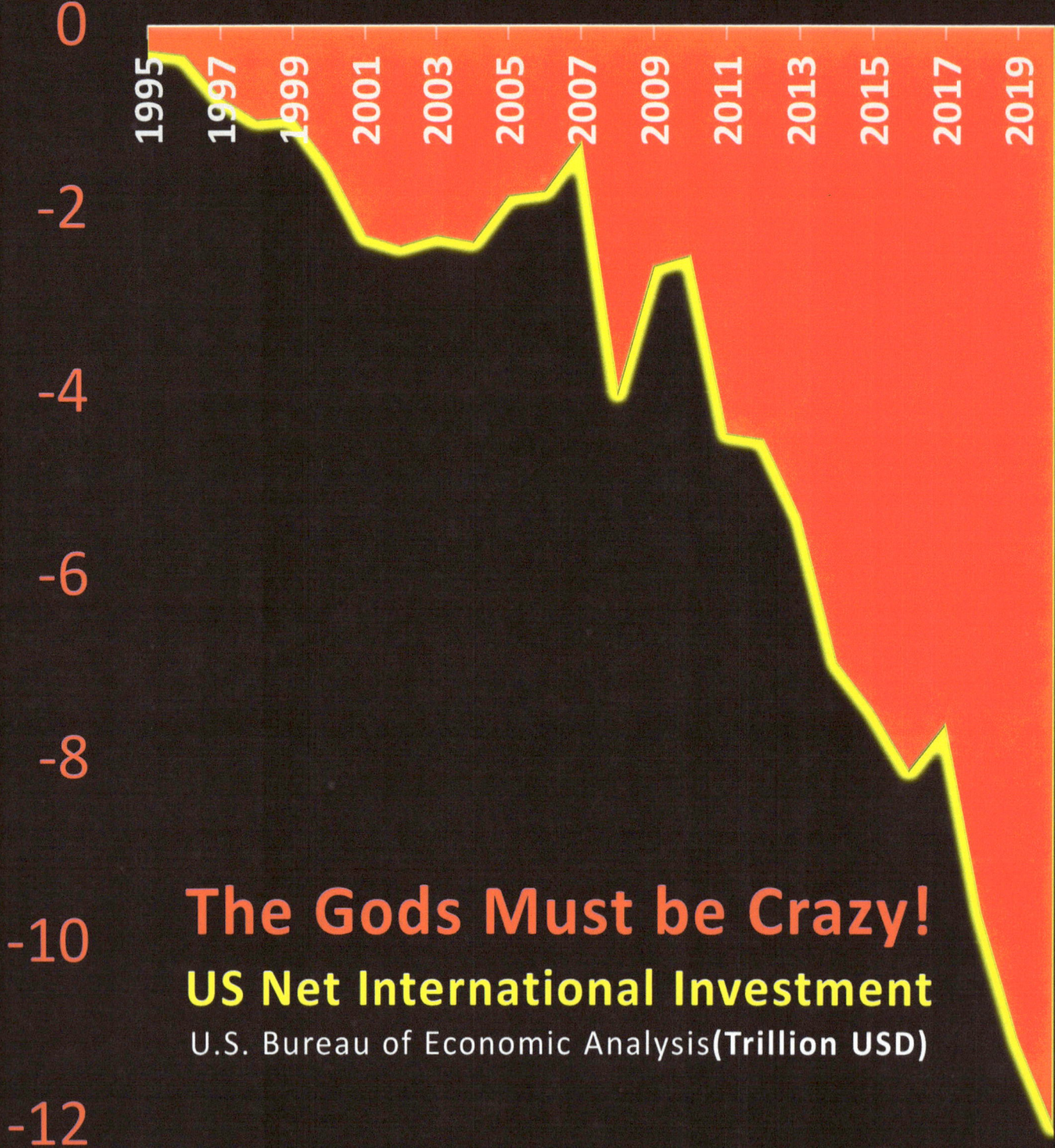

The Gods Must be Crazy!
US Net International Investment
U.S. Bureau of Economic Analysis**(Trillion USD)**

Gli Stati Uniti erano molto potenti perché il resto del mondo si fidava di loro come tutori delle relazioni commerciali. Così, hanno concesso loro il privilegio di stampare la valuta di riserva. Se sprechiamo queste relazioni commerciali, il Regno di Mezzo si impossesserà presto di questo privilegio.

Fino agli anni '70 circa gli Stati Uniti intrattenevano relazioni migliori ed esportavano più prodotti e servizi di quanti ne importassero. Purtroppo, negli ultimi due decenni, abbiamo perso le abilità di diplomazia commerciale, diventando un discarica isolata, soprattutto per la Cina, come illustrato nel grafico qui sotto.

8. Sistema Aureo Mondiale

"Prepararsi a una guerra vincente è come paragonare una moneta d'oro a una d'argento. Prepararsi a una guerra destinata alla sconfitta è come paragonare una moneta d'argento a una moneta d'oro".
L'Arte della Guerra di Sun Tzu (476 a.C.-221 a.C.)

Le valute di riserva conferiscono alle nostre imprese il "privilegio divino" di prendere in prestito più denaro a un costo inferiore. Ci permettono anche di esercitare un enorme potere su tutte le attività finanziarie statunitensi che si svolgono a livello globale, come il controllo dei regimi in Iran, Venezuela e Corea del Nord. Grazie a Roosevelt, il dollaro USA divenne la valuta di riserva mondiale nel 1944. A quel tempo gli Stati Uniti erano il paese più influente economicamente, finanziariamente e militarmente. Tuttavia, l'alto potere della valuta di riserva è accompagnato da responsabilità persino maggiori.

Settantacinque anni fa l'economia statunitense rappresentava circa il 40% del PIL mondiale. Oggi è, ahimè, meno del 15% a parità dei poteri d'acquisto (PPA). Nel frattempo la Cina sta balzando in avanti per raggiungere più del 20%[61]. L'abuso del privilegio di custodire la valuta di riserva ha dilapidato la nostra buona volontà. Dobbiamo rivalutare i metodi attuali, altrimenti i giorni del nostro impero sono contati.

Per fortuna il 79,5% di tutto il commercio mondiale si svolge ancora in dollari USA, grazie al suo status di valuta di riserva[62] ma, anziché abusare del dollaro come strumento politico e stamparlo senza limiti, dovremmo riconquistare la fiducia nel dollaro USA prima che perda il suo status a favore del renminbi e delle sue criptovalute. Dobbiamo modernizzare il FMI, la Banca Mondiale e il nostro sistema bancario in linea con l'emergere dei centri finanziari cinesi e delle loro criptovalute. Proprio come la lingua universale del mondo rimane l'inglese, le valute di riserva tendono ad avere più potere perché l'abitudine all'uso dura un po' più a lungo. Tuttavia, prima o poi, una volta che il resto del mondo sarà in grado di commerciare in valuta cinese, il lustro del dollaro svanirà. Facebook, inoltre, sbava per colonizzare digitalmente i propri "drogati" con la sua moneta digitale (criptovaluta Libra).

9. Dollaro digitale

"In mezzo al caos, c'è anche l'opportunità"
L'Arte della Guerra di Sun Tzu (476 a.C.-221 a.C.)

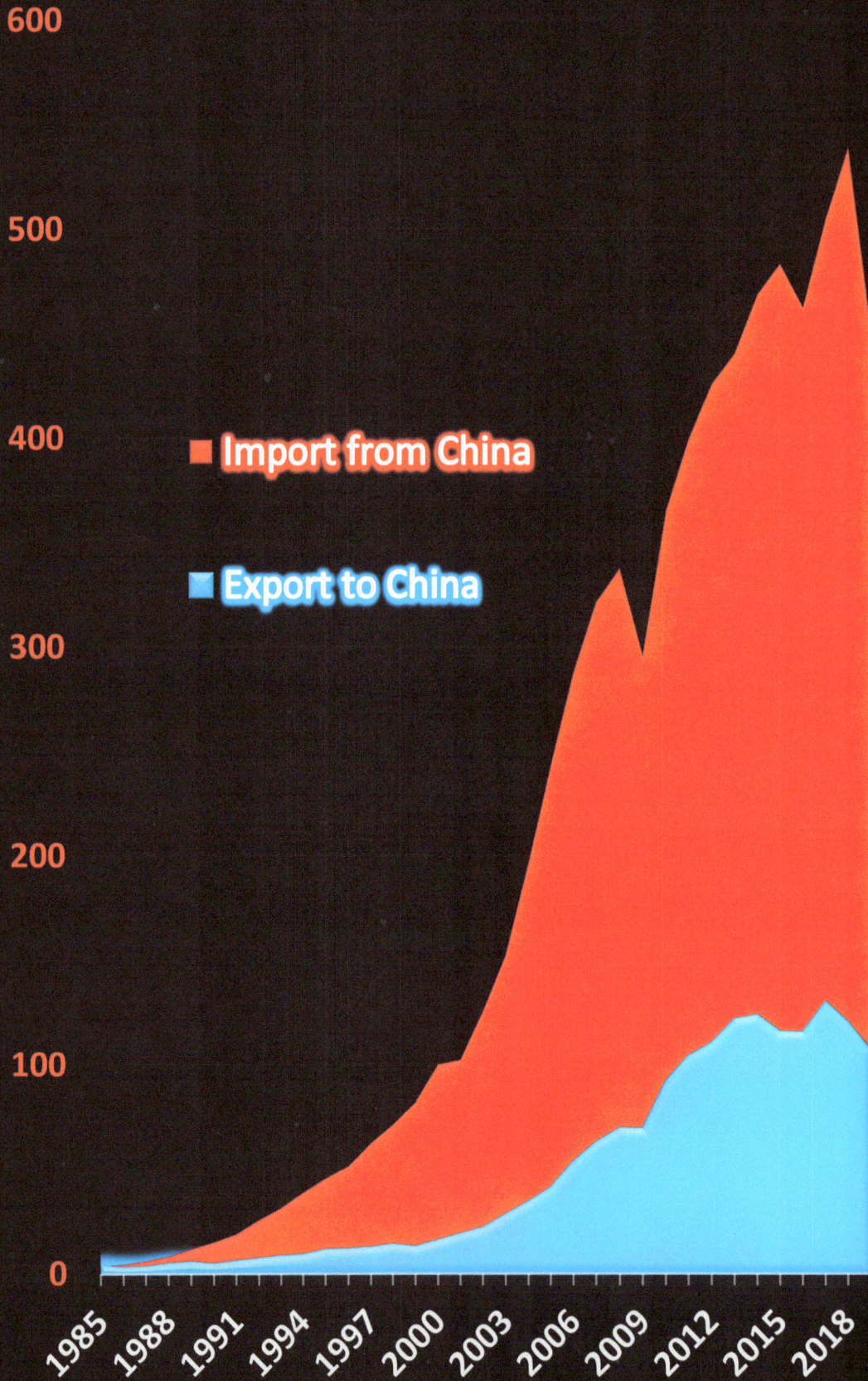

The Gods Must Be Crazy!
US Trade In Goods With China
U.S. Department of Commerce (Billion USD)

Import from China

Export to China

Per oltre 75 anni, sia direttamente che indirettamente, gli Stati Uniti hanno controllato la maggior parte delle finanze mondiali. Il merito di questo potere è da attribuire allo status di valuta riserva e al controllo su istituzioni come la Società per le telecomunicazioni finanziarie interbancarie mondiali (SWIFT).

Nel 2019 le Società di Progetto (SPV) hanno creato scambi commerciali (INSTEX) per agevolare le transazioni non-USD e non-SWIFT con l'Iran in modo da evitare di incorrere nelle sanzioni statunitensi. INSTEX è una forma di sistema di baratto che consente alle aziende dell'Unione europea, e potenzialmente al resto del mondo, di aggirare il sistema finanziario statunitense eliminando i pagamenti transfrontalieri in USD basati su SWIFT. Il fatto che tre importanti alleati di lungo corso degli Stati Uniti (Germania, Francia e Regno Unito) stiano ricorrendo a questo espediente per commerciare con l'Iran, costituisce un pericoloso segnale d'allarme. Dovremmo prenderla come una minaccia non solo nei confronti delle politiche statunitensi, ma come un presagio della fine del nostro status di moneta di riserva. L'accordo commerciale tra Cina e Iran può anche essere regolato in Renminbi, e molti altri Paesi, come l'India, seguiranno a breve questa strada. Sebbene la Cina sia una società chiusa, essa adotta un atteggiamento commerciale aperto, e studia a fondo il sistema statunitense prima di fare le sue mosse strategiche. Sembra che la nostra società capitalista aperta si stia muovendo verso un'estrema chiusura mentale. La mancanza di pensiero strategico a lungo termine e "l'eccezionalismo americano" ci inducono ad agire da irresponsabili. È giunto il momento di ammettere che è anche grazie ai nostri partner strategici cha siamo diventati una superpotenza.

Dopo lo tsunami economico del 2008, la Cina ha perso fiducia nelle istituzioni occidentali e ha iniziato a cercare soluzioni alternative, tra cui la creazione del sistema di pagamento interbancario transfrontaliero (CIPS). La Cina ha creato mega-istituzioni finanziarie alternative basate sulla Cina, come la Banca asiatica d'investimento per le infrastrutture (AIIB) e la Nuova Banca di Sviluppo (NDB - precedentemente nota come BRICS Bank) come sostitute del FMI e della Banca Mondiale create dagli USA. I cinesi hanno anche sviluppato sistemi di pagamento digitale più avanzati come WeChat e Alipay, che vantano circa due miliardi di utenti attivi e che cresceranno esponenzialmente una volta che si diffonderanno attraverso la piattaforma della Via della Seta Digitale (DSR).

Mentre stavamo combattendo contro il COVID-19 e i disordini civili, i cinesi hanno lanciato la rete blockchain nazionale Blockchain Service Network (BSN). Questo "yuan digitale" rappresenta il più grande ecosistema blockchain del mondo, rendendo la Cina la prima grande economia ad emettere uno yuan digitale nazionale. La Blockchain Service Network (BSN) è conosciuta come l'infrastruttura delle infrastrutture. Questo ecosistema blockchain distribuito senza permessi consente l'integrazione verticale di big data, comunicazioni 5G, IoT industriale, cloud computing e intelligenza artificiale. Questa tecnologia finanziaria fornirà anche vari altri servizi di leva applicativa. La Blockchain Service Network (BSN) è stata l'obiettivo principale essendo il nervo economico della Via della Seta Digitale (DSR) e poiché stabilisce la piattaforma per l'interconnettività con tutti i partner della Nuova Via della Seta cinese.

Secondo un rapporto di JPMorgan, "Non c'è paese che abbia più da perdere dal potenziale dirompente della moneta digitale degli Stati Uniti". Sfortunatamente, la nostra obsoleta piattaforma finanziaria gestita da Wall Street è matura per la disgregazione digitale. Se non agiamo immediatamente, i cinesi conquisteranno senza pietà questo sistema obsoleto, costruito oltre 75 anni fa.

The Gods Must Be Crazy!
Government Research and Development
Percent of Gross Domestic Product

US CHINA

Sources: CBO and Chinese People's Political Consultative Conference

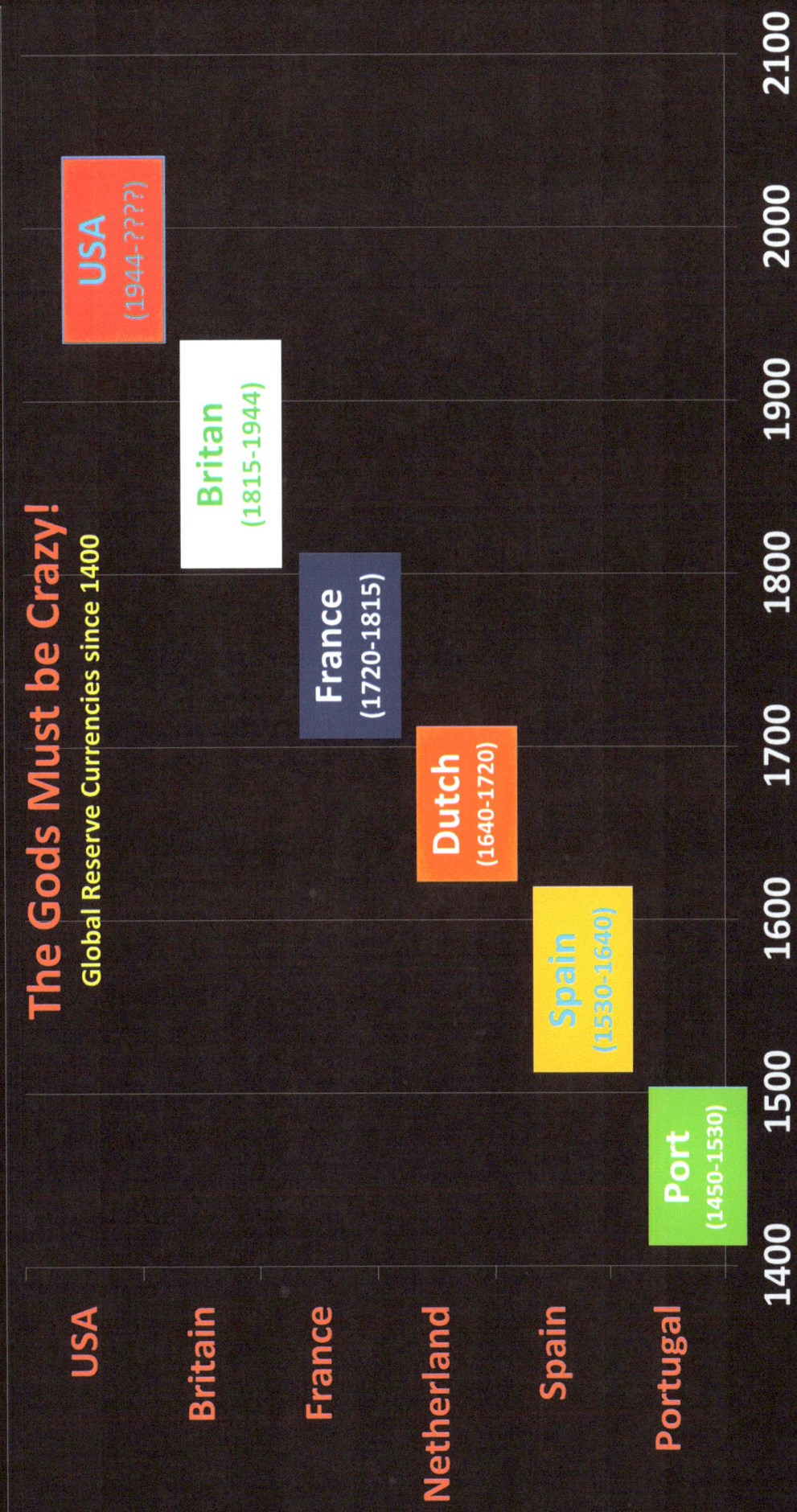

The Gods Must be Crazy!
Global Reserve Currencies since 1400

USA (1944-????)

Britan (1815-1944)

France (1720-1815)

Dutch (1640-1720)

Spain (1530-1640)

Port (1450-1530)

USA							
Britain							
France							
Netherland							
Spain							
Portugal							

1400   1500   1600   1700   1800   1900   2000   2100

10. Il capitale finanziario

> *"Chi ha intenzione di combattere deve prima calcolare il prezzo da pagare ".*
> L'Arte della Guerra di Sun Tzu (476 a.C.-221 a.C.)

New York era una volta il centro nevralgico finanziario del mondo, e ospitava gli ingegneri responsabili del mondo libero. Purtroppo, a causa dell'ingegneria finanziaria estrema, New York sta diventando la catacomba del capitalismo.

Al contrario la Cina sta rapidamente sviluppando il suo centro finanziario a partire da Shanghai e questo sta costantemente soppiantando l'influenza degli Stati Uniti. Dal picco della fine degli anni '90, il numero di società pubbliche negli Stati Uniti è in costante declino. Questo numero oggi si è ridotto da oltre 7.000 a meno di 3.000[63]. Ancora una volta, il numero è il risultato della nostra ingegneria finanziaria attraverso il private equity, le fusioni e le acquisizioni, e i deflussi di capitale.

Nel frattempo il mercato azionario cinese è passato da ZERO a quasi 5.000 aziende. Negli Stati Uniti, questa cifra è scesa di oltre il 50%. Intanto la Cina ha registrato un tasso di crescita del 1000% negli ultimi 25 anni.

> *"Sono tre i tesori che custodisco e apprezzo: uno è la gentilezza, il secondo è la frugalità, e il terzo è non avere la presunzione di avere la precedenza sugli altri. Con la gentilezza si può essere coraggiosi, con la frugalità si possono tendere le braccia, e non presumendo di avere la precedenza si può sopravvivere efficacemente. Se si rinuncia alla gentilezza e al coraggio, si rinuncia alla frugalità e alla generosità, si rinuncia all'umiltà per l'aggressività, si muore. L'esercizio della gentilezza nel combattimento porta alla vittoria, l'esercizio della gentilezza nella difesa porta alla sicurezza".*
> L'Arte della Guerra di Sun Tzu (476 a.C.-221 a.C.)

Il problema dell'attuale spietato sistema capitalistico risiede alla base dei comitati d'azione politica e dei lobbisti di Washington DC. Molte società di private equity e altri veicoli di investimento sono finanziati dalla Cina e da altri fondi sovrani di Paesi stranieri, che magari non tengono conto dei nostri interessi. Gli speculatori aziendali e gli avvoltoi tipo Gordon Gekko sono in cerca di denaro veloce. La stragrande maggioranza di questi scambi sono fatti tra computer e basati su algoritmi senza alcun fondamento. Una vergogna! Per preservare e supportare dovremmo, in primo luogo, bandire i PAC (Comitati di azione politica). La porta girevole tra politici e lobbisti della palude (Washington DC), i quali corrompono e abusano del sistema, dovrebbe essere sotto inchiesta.

★ Dovremmo prendere l'iniziativa di costruire istituzioni finanziarie multilaterali simili alla Banca Asiatica d'Investimento per le Infrastrutture (Asian Infrastructure Investment Bank) per contrastare i 10 trilioni di dollari della diplomazia cinese, la Nuova Via della Seta di nuova generazione e altri progetti di

The Gods Must be Crazy!
Catacomb of Capitalism?
US Enterprises Black Hole?

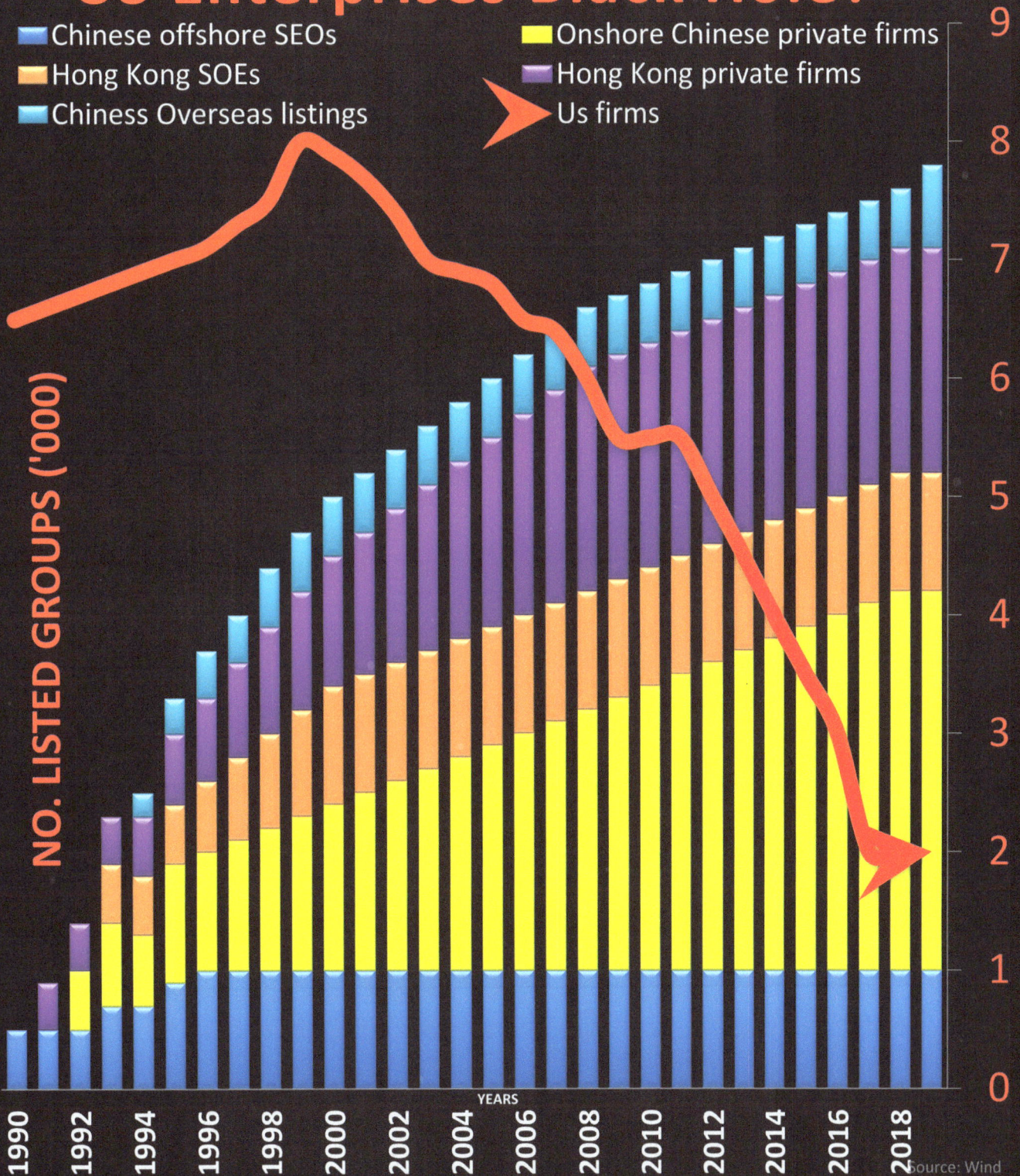

Legend:
- Chinese offshore SEOs
- Hong Kong SOEs
- Chiness Overseas listings
- Onshore Chinese private firms
- Hong Kong private firms
- Us firms

Y-axis: NO. LISTED GROUPS ('000)

X-axis: YEARS — 1990, 1992, 1994, 1996, 1998, 2000, 2002, 2004, 2006, 2008, 2010, 2012, 2014, 2016, 2018

Source: Wind

infrastrutture ad alta tecnologia. Invece di concentrarci internamente, come fanno le aziende cinesi, dobbiamo avventurarci fuori dalle zone di comfort delle nostre rispettive torri d'avorio ed espanderci in nuove realtà, specialmente nei Paesi emergenti, ai fini della nostra stessa sopravvivenza.

★ Dovremmo studiare l'impatto dei risultati trimestrali di Wall Street, dei riacquisti di azioni e degli affari di Gordon Gekko nel settore degli investimenti bancari e del private equity. Il Governo dovrebbe monitorare da vicino queste attività cancrenose.

★ Dovremmo anche introdurre bonus a lungo termine, basati sulla performance dei dirigenti - non basati sul prezzo delle azioni a breve termine, cosa che dilapida le possibilità di un bilancio che potrebbe altrimenti risultare eccellente.

★ Dovremmo inoltre bandire gli avvoltoi del private equity e i fondi sovrani. Essi tendono a sacrificare i grandi bilanci delle loro prede a favore di una avidità a breve termine.

11. Sicurezza

> "Ci sono cinque circostanze nelle quali la vittoria può essere prevista:
> 1 Chi è in grado di distinguere quando è il momento di dare battaglia, e quando non lo è, riuscirà vittorioso.
> 2 Chi è in grado di stabilire quando deve usare forze minori, e quando maggiori, riuscirà vittorioso.
> 3 Chi ha creato un esercito compatto, con ufficiali e soldati che combattono uniti per un unico fine, sarà vittorioso.
> 4 Chi è prudente e preparato, e resta in attesa delle mosse del nemico temerario e impreparato, sarà vittorioso.
> 5 Chi dispone di generali esperti non vincolati da funzionari di corte, sarà vittorioso".
> L'Arte della Guerra di Sun Tzu (476 a.C.-221 a.C.)

Siamo ancora un gruppo di guerrieri boscimani tribali che, per caso, indossano abiti eleganti e scarpe lucide. La governance tra 195 Paesi è impegnativa, e organizzazioni come l'ONU, l'Organizzazione mondiale del commercio (OMC) e altre sono principalmente dei prestanomi. Il puro potere e la potenza delle armi contano di più. Il nostro status di superpotenza e i nostri complessi militari-industriali sono fondamentali per proteggere le nostre rotte commerciali e le nostre imprese dall'influenza straniera in tutto il mondo e persino nello spazio. L'esercito statunitense ha basi in 70 Paesi, il che è essenziale per salvaguardare anche i nostri interessi imprenditoriali.

Per quattro secoli le compagnie delle Indie Orientali olandesi e britanniche hanno governato il mondo da due piccole nazioni per mezzo della forza delle armi.

"L'Occidente non ha conquistato il mondo con la superiorità delle sue idee, dei suoi valori o della sua religione ma attraverso la sua superiorità nell'uso della violenza organizzata [il potere militare]. Gli occidentali lo dimenticano spesso, i non occidentali mai".

The Gods Must Be Crazy!
US Defense Budget/Spending
Billions of US $ (Source: SIPRI)

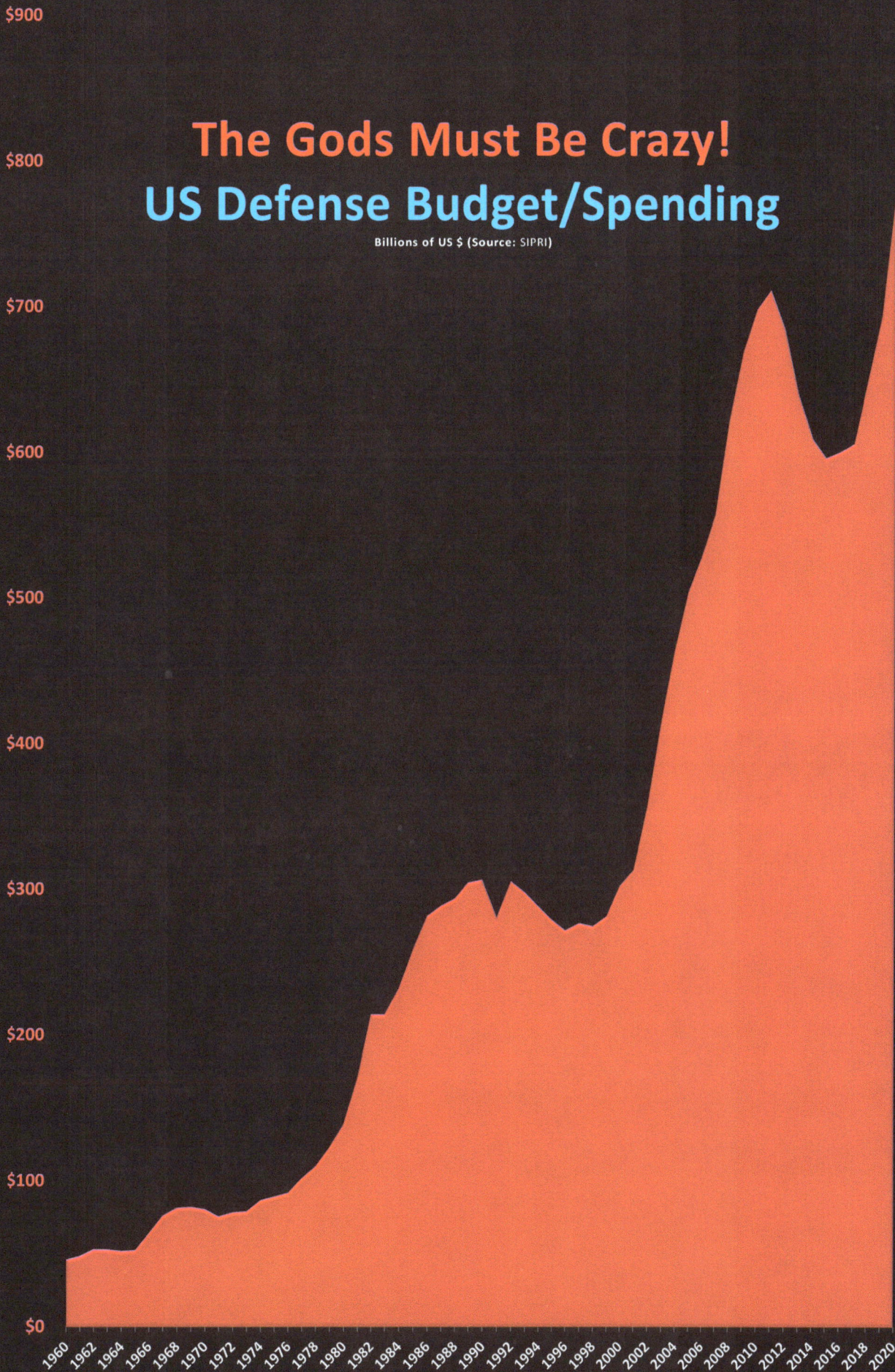

Anche se non sono un esperto del settore militare, negli ultimi anni ho ricoperto il ruolo di consulente nel settore della difesa aerospaziale. La Brown University ha pubblicato un rapporto sui costi della spesa militare che dettaglia la spesa successiva all'11 settembre da parte del Pentagono (PROFITS OF WAR: CORPORATE BENEFICIARIES OF THE POST-9/11 PENTAGON SPENDING SURGE)[64]. Lo studio ha rilevato che degli oltre 14 trilioni di dollari spesi dal Pentagono dall'inizio della guerra in Afghanistan, quasi la metà è stata destinata ad appaltatori militari privati. Questi appaltatori ne hanno dedicato più di uno per ogni membro del Congresso (circa 700 lobbisti) spendendo 2,5 miliardi di dollari. Tale tendenza ha avuto origine con l'allora Vicepresidente Dick Cheney, l'ex amministratore delegato della Halliburton. La Halliburton ha ricevuto miliardi per aiutare ad allestire e gestire basi, nutrire le truppe e svolgere altri lavori in Iraq e Afghanistan entro il 2008. Circa un terzo di questo appalto del Pentagono è stato offerto a solo cinque grandi società (Lockheed Martin, Boeing, General Dynamics, Raytheon e Northrop Grumman). Alcune di queste società sono di proprietà di fondi sovrani, tra cui l'Arabia Saudita[65], potenzialmente coinvolta negli attentati dell'11 settembre[66]. La Commissione sugli appalti di guerra in Iraq e Afghanistan ha stimato da 30 a 60 miliardi di dollari di sprechi, frodi e abusi solo nel 2011. Mentre l'esercito americano si sta ritirando dall'Iraq e dall'Afghanistan, la Cina è diventata il loro principale obiettivo per giustificare quasi un trilione di dollari di spese per la difesa degli Stati Uniti ogni anno. Secondo il rapporto, "Ogni membro del Congresso che non vota per i fondi di cui abbiamo bisogno per difendere questo paese sarà alla ricerca di un nuovo lavoro dopo il prossimo novembre".

Ogni anno il Governo degli Stati Uniti spende circa mille miliardi di dollari per la Difesa, che è più dei seguenti dieci Paesi messi insieme. Tuttavia, molti dei nostri sistemi di difesa sono antiquati e neanche tanto validi. Per esempio, centinaia, se non migliaia, di piloti dell'Air Force pilotano aerei costruiti prima della loro nascita, molti dei quali non sono nemmeno adatti al volo.

"La regina della flotta americana, e il fulcro della più potente Marina che il mondo abbia mai visto, la portaerei, rischia di diventare come le corazzate per le quali è stata originariamente progettata: grandi, costose [>10 miliardi di dollari], vulnerabili - e sorprendentemente irrilevante per i conflitti del tempo.

....

Ci vogliono quasi 6.700 uomini e donne per formarne l'equipaggio, gestire ogni gruppo d'attacco costa circa 6,5 milioni di dollari al giorno".

....

Henry J. Hendrix
CAPITANO della Marina Militare degli USA, Marzo 2013

Invece la Cina spende i suoi preziosi fondi per sofisticati missili ipersonici che rendono inoffensivi i fantasiosi giocattoli degli Stati Uniti. I missili balistici cinesi DF-26, che costano solo un centinaio di migliaia di dollari, possono affondare i bersagli facili degli Stati Uniti che costano più di 10 miliardi di dollari.

Gli Stati Uniti stanno agendo irrazionalmente, proprio come l'Unione Sovietica con la sua dottrina del giorno del giudizio, guidata da pochi influenti gruppi di interesse speciale dell'industria da 2 trilioni di dollari e dalle sette beduine ortodosse[67].

Non è detto che la spesa per la difesa degli Stati Uniti corrisponda alla strategia razionale e migliore per i cittadini statunitensi. Potrebbe invece essere in gran parte il risultato del lobbismo degli appaltatori della difesa. Questi appaltatori influenzano i membri del Congresso attraverso l'assegnazione degli impianti di produzione e delle basi nei loro territori (influenzando così l'occupazione). I cinesi potrebbero anche ride-re di noi mentre beviamo da questo calice finanziario avvelenato di spese prodighe riempite con denaro preso in prestito da loro. Anche questa è un' arma che è stata usata in loro nome (come nemico n. 1) ma non sarà mai usata contro di loro. Gli investitori quasi istituzionali cinesi sono contribuenti significativi di molti veicoli di investimento, comprese le società di private equity, che possiedono appaltatori della difesa. Ironicamente, alcuni dei non così amichevoli fondi sovrani possiedono almeno alcuni dei nostri principali appaltatori della difesa[68].

"I capitalisti ci venderanno la corda con la quale li impiccheremo ."

— Joseph Stalin —

★★★

The Gods Must be Crazy!

2020 Defence Spending

US > next 10 countries combined (Source: SIPRI)

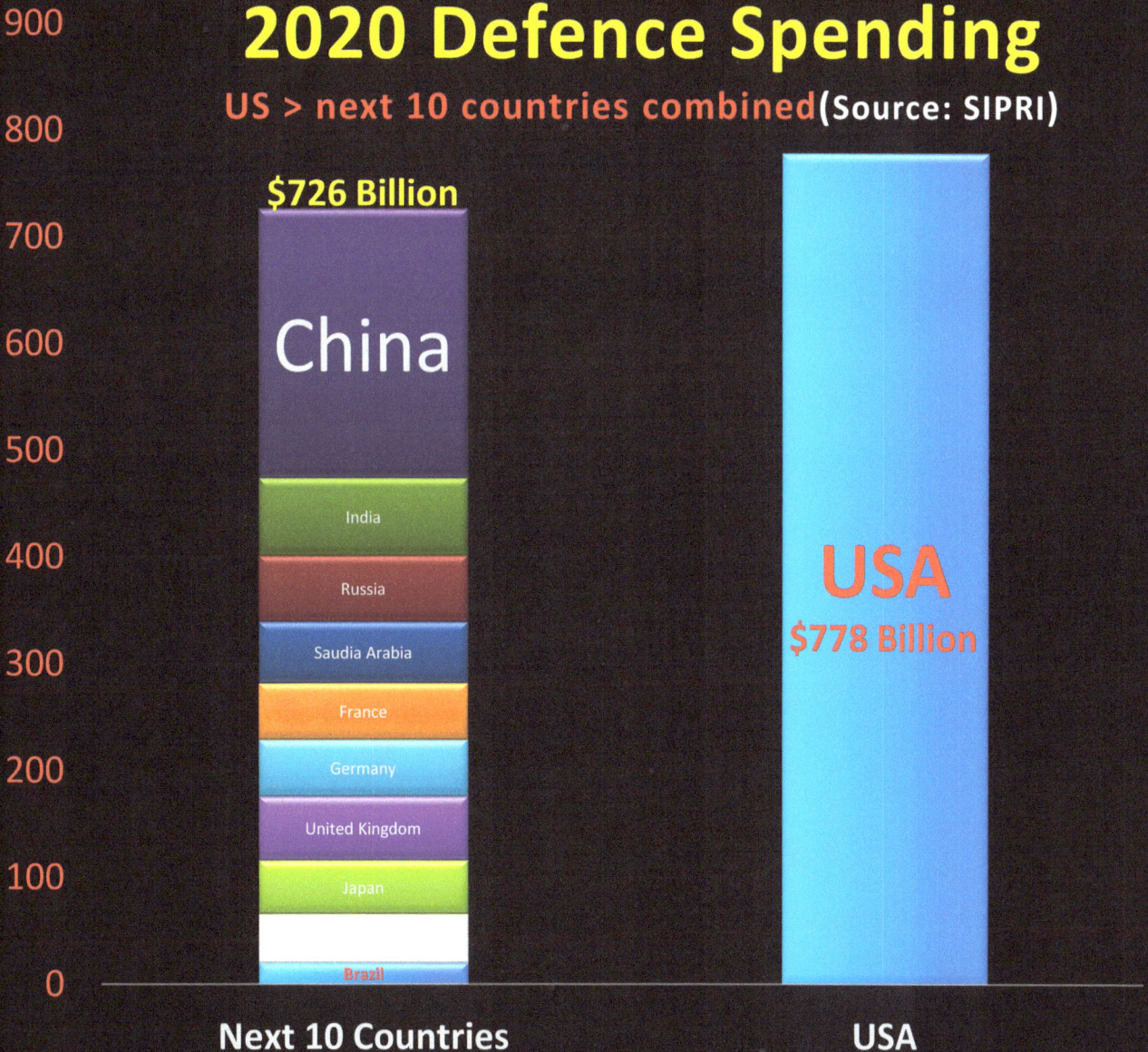

$726 Billion

China

India

Russia

Saudia Arabia

France

Germany

United Kingdom

Japan

Brazil

USA
$778 Billion

900
800
700
600
500
400
300
200
100
0

Next 10 Countries | **USA**

Come i sovietici hanno assistito alla fine del loro impero coinvolgendosi unilateralmente in inutili conflitti politici, anche noi stiamo versando il nostro prezioso sangue e tesoro. Ironia della sorte, siamo emulatori dei russi, compiendone gli stessi errori che loro hanno compiuto in Afghanistan. È impossibile conquistare gli afghani: i persiani, Alessandro Magno, Gengis Khan, l'Inghilterra e i russi hanno fallito. Più recentemente, nei deserti devastati dalla guerra del Medio Oriente, ci siamo fumati 5 trilioni di dollari facendoci coinvolgere nelle guerre tribali dei beduini.

Questo avventurismo esuberante e irrazionale è un regalo alla Cina. La Cina è strategicamente concentrata, e sono cresciuti in modo spettacolare durante i nostri anni di declino, ispirati dalla nostra stupidità. Poiché gli Stati Uniti esportano petrolio, non ci sono valori strategici in Medio Oriente se non la perdita di sangue e tesori preziosi. In sintesi, stiamo proteggendo le forniture di petrolio destinate alla Cina, come è successo in Afghanistan e Pakistan, aiutando la Cina a conquistare i suoi interessi commerciali.

★★

The Gods Must be Crazy!
2020 US Defense Spending
Catacomb of Capitalism: Little R&D?
Source: OMB (Office of Management and Budget)

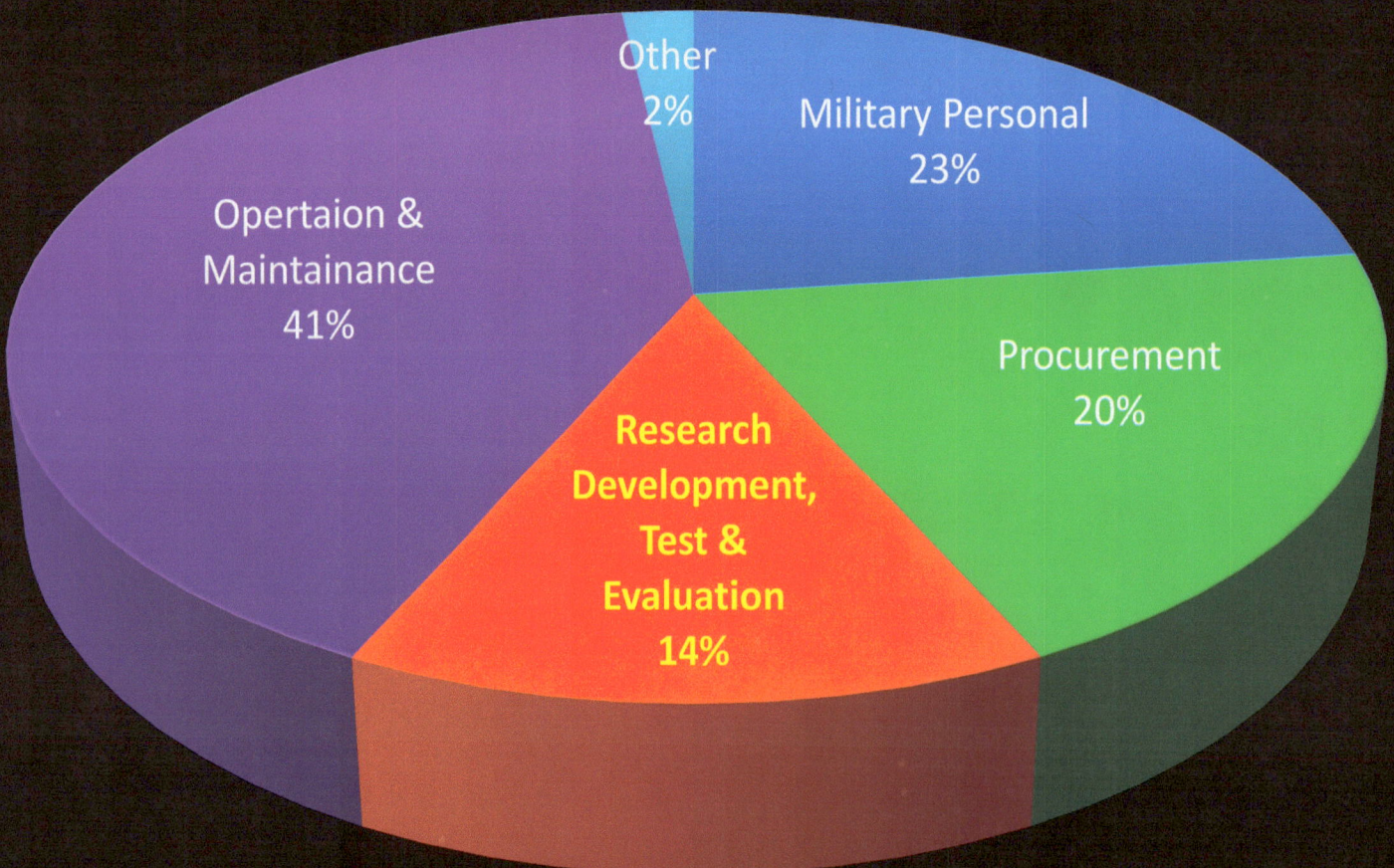

Other
2%

Military Personal
23%

Opertaion &
Maintainance
41%

Procurement
20%

Research
Development,
Test &
Evaluation
14%

Nel frattempo, la Cina è razionale e agisce saggiamente come faceva l'America ai tempi di Roosevelt (o anche della Guerra Fredda), stringendo alleanze globali. Non ci sono lobbisti in Cina per cui prendono decisioni razionali in funzione esclusivamente della loro sicurezza a lungo termine e dei loro interessi commerciali.

Dovremmo modernizzare completamente l'esercito in vista delle guerre future, non la preistorica guerra convenzionale del passato, con partenariati pubblico-privato, proprio come fece Franklin Roosevelt. Abbiamo bisogno di visionari come Franklin Roosevelt per preparare e vincere la terza guerra mondiale, che si sta preparando, come fece Franklin Roosevelt nel 1942 quando, grazie alla sua lungimiranza, ottenne la vittoria nella seconda guerra mondiale.

Se non siamo strategici e saggi, non potremo resistere contro i moderni stabilimenti di difesa cinesi. Il grafico qui sotto mostra che gli Stati Uniti stanno spendendo pochissimi soldi nella ricerca e sviluppo, cosa che invece sarebbe necessaria per sopravvivere al drago. Se non andiamo cauti e non agiamo tatticamente, il nostro avventurismo militare da falco e l'eccezionalismo saranno la causa della nostra umiliazione, che avverrà proprio nel cortile di casa dei regni di mezzo. Triste a dirsi, stiamo combattendo le guerre di domani con la strategia e le armi di ieri.

12. Strategie digitali e Roadmap adattiva:

> *"Per avere successo dobbiamo abbracciare lo spirito di una grande strategia globale".*
>
> *Una grande strategia incorpora norme fondamentali (la rettitudine morale), cielo, terra (ambienti fisici), leadership e, infine, metodo e disciplina (valutazione della capacità militare, potenziale di potere relativo).*
>
> *Una volta che tutti gli elementi vengono messi insieme, uno stato può beneficiare di una grande strategia per il successo.*
>
> Adattato da L'Arte della Guerra di Sun Tzu (476 a.C.-221 a.C.)

Durante i primi cento giorni di amministrazione, Roosevelt creò le agenzie dell'alfabeto, o agenzie del New Deal. Durante i molti mandati di Roosevelt furono creati almeno 69 uffici facenti parte del "New Deal". Ci sono tre rami del Governo, e il ramo esecutivo controlla la maggior parte delle agenzie federali. Sotto il ramo esecutivo, ci sono 15 dipartimenti esecutivi e circa 254 sottoagenzie. Il Congresso ha anche istituito circa 67 agenzie indipendenti e più di una dozzina di consigli, commissioni e comitati più piccoli.

È all'origine che sta il marcio. Termiti corrotte ora infestano la maggior parte di quei rami del Governo degli Stati Uniti e le agenzie sottostanti del XIX secolo. L'analista James A. Thurber ha stimato che il numero di lobbisti che lavorano è vicino a 100.000 e che questa industria corrotta porta 9 miliardi di dollari all'anno[69]. Questo è più del PIL (2018) di oltre 50 Paesi sotto la bandiera delle Nazioni Unite. Recentemente il lobbismo è aumentato e incomincia ad agire in totale clandestinità poiché i lobbisti usano "strategie sempre più sofisticate" per oscurare le loro attività. Anche la giustizia è in vendita attraverso i milioni di contributi per le campagne provenienti da denaro sporco[70]. La sentenza Citizens United della Corte Suprema del gennaio 2010 ha scatenato un'ondata colossale di spese elettorali che, secondo ogni principio di sensatezza, è stata incredibilmente immorale. Wall Street ha speso un record di 2 miliardi di dollari per cercare di influenzare le elezioni presidenziali americane del 2016. Il lobbismo è una forma legale elegante di corruzione o estorsione, e in qualsiasi altra parte del mondo si chiama corruzione.

L'attuale sistema burocratico ha fatto il suo tempo: adempiva al suo scopo specialmente un secolo fa, sotto i Roosevelt che, loro sì, erano animati da buone propositi. Sfortunatamente molte organizzazioni ben intenzionate sono diventate simili a rane che bazzicano nel fondale della palude di olio di serpente[71] che è Washington, D.C. Quali possono essere le nostre strategie e politiche, dato che i recenti disastri geopolitici ed economici hanno fondamentalmente indebolito molti di questi sistemi? Abbiamo una visione e una tabella di marcia strategica per affrontare questo ordine mondiale che cambia? Viviamo in una nuova era multidimensionale in cui molti regolamenti arcani del passato devono trasformarsi in un ordine mondiale digitale del 22° secolo.

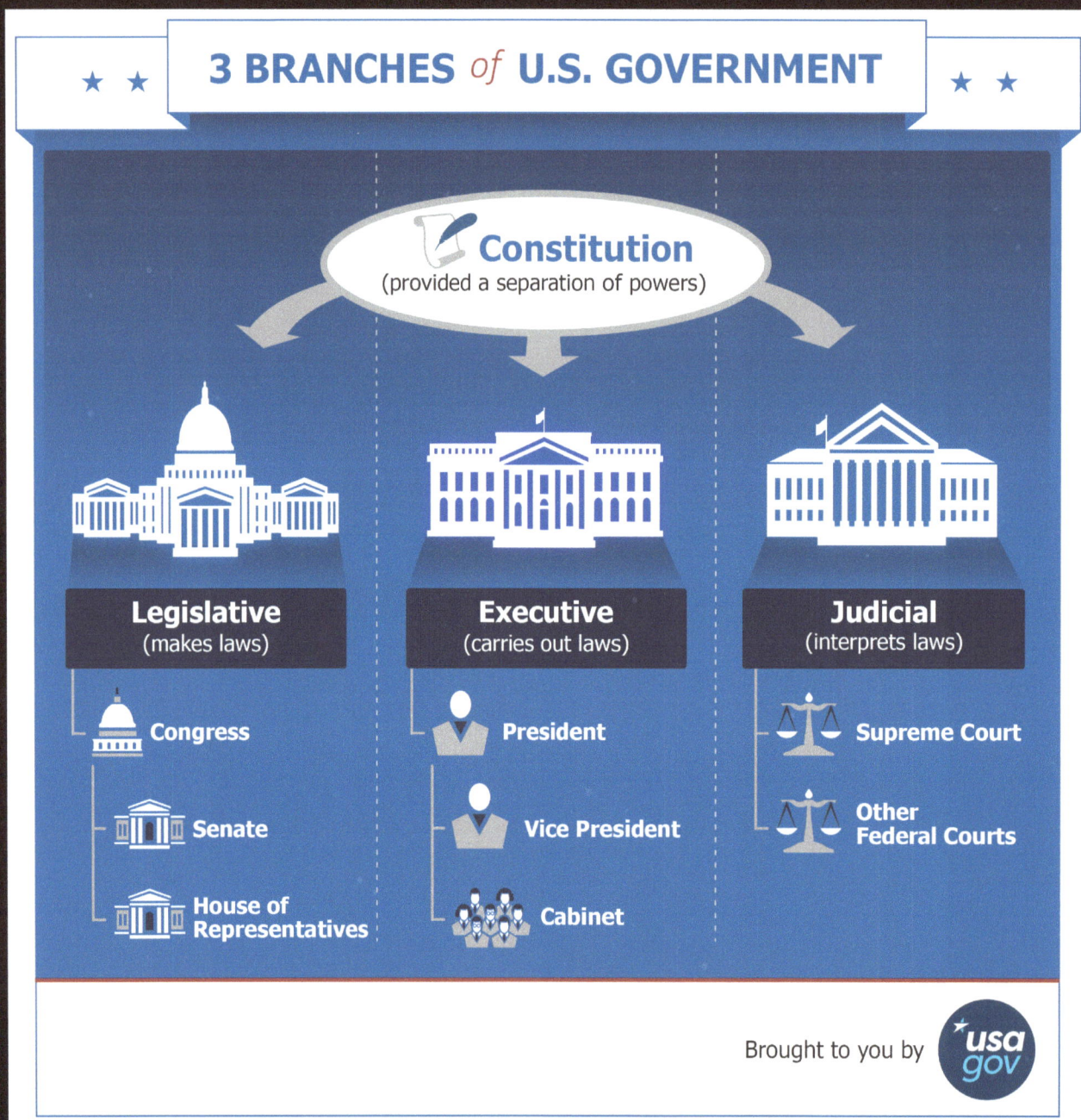

★★

3 BRANCHES *of* U.S. GOVERNMENT

Constitution
(provided a separation of powers)

Legislative
(makes laws)

- Congress
- Senate
- House of Representatives

Executive
(carries out laws)

- President
- Vice President
- Cabinet

Judicial
(interprets laws)

- Supreme Court
- Other Federal Courts

Brought to you by **usa gov**

> *"Se il nemico è forte in ogni settore, è necessario essere pronti a tenergli testa; ma se è superiore in forze, è meglio evitarlo. Se il comandante nemico è di temperamento collerico, cerca di irritarlo: fingendoti debole, aumenterai la sua arroganza. Se cerca un po' di riposo, non dargli tregua. Se le sue forze sono unite, fa in modo di separarle. Attaccare il nemico dove è impreparato; mostrarsi dove non se lo aspetta".*
>
> L'Arte della Guerra di Sun Tzu (476 a.C.-221 a.C.)

La Cina è l'unica delle civiltà antiche a mostrare una resilienza che le ha permesso di cadere quattro volte e rialzarsi altrettante. Dal declino imperiale della Prima Guerra dell'Oppio (1839-1842) e dall' umiliazione che ne è derivata, ogni leader cinese ha cercato di riconquistare le glorie perdute in patria e all'estero. La visione del Partito Comunista Cinese (PCC) non è un segreto: Xi Jinping è determinato a rendere nuovamente grande il Regno di Mezzo. Il PCC sta utilizzando strategie e politiche "geo-tecnologiche". La Cina apre la strada al primato globale attraverso la multimiliardaria Nuova Via della Seta (BRI) e tramite la Via della Seta Digitale (DSR), intenzionata a colonizzare Asia, Medio Oriente, Africa ed Europa. Strutturando un'infrastruttura commerciale completa per i prodotti cinesi, la BRI offre lo spostamento strategico a lungo termine della Cina intorno a tecnologie avanzate e interessi militari. Questi elementi includono le telecomunicazioni 5G, la robotica, l'intelligenza artificiale (IA), e l'ingegneria marittima per gli interessi della difesa.

Invece di tattiche estreme di ingegneria finanziaria, dobbiamo concentrarci su strategie di ingegneria di valore a lungo termine. L'ingegneria del valore dovrebbe essere l'aspirazione per una "città splendente su una collina". La ricchezza finanziaria è solo un sottoprodotto. La mia generazione ha deluso i giovani. Sono mal preparati per l'era digitale e mancano grossolanamente di capacità STEM. Dobbiamo abbandonare la sindrome dello struzzo, l'attitudine a ficcare la testa sotto la sabbia, e riconoscere le dinamiche mutevoli dell'ordine mondiale globale. Se non lo facciamo, draghi digitali come Huawei, Alibaba, Tencent e Baidu plasmeranno il mondo a loro piacimento. La Cina farà in modo che questi draghi lascino la loro impronta nei Paesi economicamente colonizzati dal Regno di Mezzo.

Nell'ambiente populista di oggi, sarà difficile per gli Stati Uniti trovare leader come i Roosevelt, che possano invertire il suo declino. Spero che sarà meno traumatico, per cui, piuttosto che scivolare nell'oscurità, accettiamo la realtà con la stessa grazia dimostrata dagli inglesi quando ci hanno passato il testimone.

"Steve Hilton: Molte persone dicono che la Cina vuole prendere il posto degli Stati Uniti come superpotenza...,
Lei pensa che sia questa la loro intenzione?"
Trump: "Sì, lo penso. Perché non dovrebbe esserlo?
Sono persone molto ambiziose. Sono molto intelligenti.
Sono persone eccezionali. Si tratta di una grande cultura".

Intervista su Fox News (05-19-19)

EPILOGO

> "La prospettiva migliore consiste nel vincere senza dover incrociare le armi, non nello sterminare il nemico. L'obiettivo è vincere non distruggere: lasciando ogni cosa intatta si massimizzano i guadagni e si ricuciono i rapporti con l'avversario".
>
> L'Arte della Guerra di Sun Tzu (476 a.C.-221 a.C.)

World External Debt to China (2017, Direct Loans)

(Source: Data based on CHINA'S OVERSEAS LENDING, Sebastian Horn, Carmen Reinhart and Christoph Trebesch(KIEL WORKING PAPER NO. 2132))

Note: The debt estimates are based on loan-level data.
They exclude Chinese portfolio debt holdings and short-term trade debt.
GDP data is from the IMF World Economic Outlook.

0-1%	
1-5%	
5-10%	IN
10-25%	PERCENT
25-100%	OF
No Data	RECIPIENT
	GDP

I giochi ormai sono quasi fatti e, se non tiriamo fuori subito l'asso nella manica, la Cina manderà i suoi mercenari a riscuotere i pedaggi dagli Stati Uniti e dai quasi cento Paesi che ha colonizzato economicamente e digitalmente dallo tsunami finanziario del 2008.

Il COVID-19 ha messo a nudo le nostre debolezze; anche il DPA (Defense Production Act) ci mette nella condizione di essere tenuti in ostaggio dalla Cina per le mascherine 3M e per i necessari dispositivi di protezione individuale (DPI).

L'economia statunitense, edificata da Roosevelt, costituiva circa il 40% (nel 1960) del PIL (Prodotto Interno Lordo) mondiale ed è scesa a meno del 15% nel 2010. È diventata meno del 15% in PPA, mentre la Cina aumenta rapidamente la sua quota superando il 20%. Il dollaro degli Stati Uniti, forte della sua posizione di valuta di riserva, rappresenta ancora il 79,5% di tutto il commercio mondiale. Estremizzando l'ingegneria finanziaria, abbiamo vanificato i nostri sforzi. Se non ci diamo una regolata, e in fretta, metteremo in pericolo il nostro impero e le nostre imprese.

Non è il momento di erigere una muraglia attorno alla nostra torre d'avorio e rischiare l'intrappolamento nell'inferno dei pignoramenti. Nessun autocrate potrebbe affrontare le sfide multidimensionali e la spirale esponenziale verso il basso derivante dai cigni neri della "Nuova Normalità". Piuttosto che l'unilateralismo, è giunto il momento di affinare le nostre competenze trasversali, raggiungere il resto del 96% dell'umanità, e progettare la nostra Arca di Noè come fecero i Roosevelt quando, un secolo fa, ci condussero sulla strada per diventare una superpotenza.

Se falliamo in questo, alcuni populisti di estrema sinistra ricorreranno al comunismo (la ridistribuzione più o meno equa della ricchezza), e la maggior parte dell'elettorato di destra diventerà una milizia fascista (capitalismo autocratico controllato dallo stato). La sopravvivenza dell'impresa americana si è intrecciata con l'ascesa e la caduta del suo padrino sponsor, l'impero USA. Ne siamo stati testimoni negli ultimi quattro secoli con le più grandi imprese, come le compagnie delle Indie Orientali olandesi (~10T$) e britanniche (~5T$). Sfortunatamente, molti dei dinosauri aziendali, che praticano l'ingegneria finanziaria estrema, cadranno vittime degli avvoltoi della proprietà intellettuale (provenienti soprattutto dalla Cina).

Dobbiamo seguire l'esempio dei Roosevelt, che hanno architettato il nostro maestoso impero capitalistico, durato tre quarti di secolo e quindi, prima che sia troppo tardi, dobbiamo guidiamo la coalizione per negoziare nuovi "Piani Marshall" così da salvare i Paesi che la Cina ha colonizzato economicamente e digitalmente.

L'architettura fondazionale deve basarsi su:

1. Leadership
2. Educazione scientifica, tecnologica, ingegneristica e matematica (STEM)
3. Ricerca e tecnologia strategica
4. Architettura delle infrastrutture
5. Architettura digitale
6. Gestione della conoscenza
7. Diplomazia
8. Valuta mondiale sistema aureo
9. Dollaro digitale
10. Capitale finanziario
11. Sicurezza
12. Grandi strategie e regolamenti digitali trasformativi

Legend:

- Ports with Chinese engagement (existing)
- Ports with Chinese engagement (planned/ under construction)
- Railroad lines (existing)
- Railroad lines (planned/ under construction)

Land corridors
Maritime corridors
Chinese infrastructure investments

Sono un bastian contrario e avevo previsto lo tsunami economico del 2008, che è stato relativamente tranquillo, dato che era per lo più incentrato sugli Stati Uniti. Questa volta la situazione è molto più preoccupante e multi-dimensionale per via del COVID-19 e dei disordini civili che agiscono come cigno nero globale di spostamenti tettonici generazionali. Spero di sbagliarmi nella mia analisi questa volta. Sto comunicando i frutti delle mie ricerche e l'analisi che ne ho fatto perché controbattiate in maniera da porre al vaglio della critica le mie opinioni al riguardo.

Finora gli Stati Uniti hanno elargito doni incredibili al Regno di Mezzo attraverso l'ingegneria finanziaria estrema e strangolando la gallina dalle uova d'oro (tradendo le loro imprese redditizie per qualche egoistico bonus in dollari). Se non ci procuriamo un'odierna Arca di Noè del digitale, prevedo che la Nuova Normalità somiglierà al Quarto Reich[72]: sarà un futuro in cui saremo schiavi de *L'Uomo nell'Alto Castello*[73], come nel documentario di Netflix American Factory.[74]

Eh già! Manca poco, America![75]

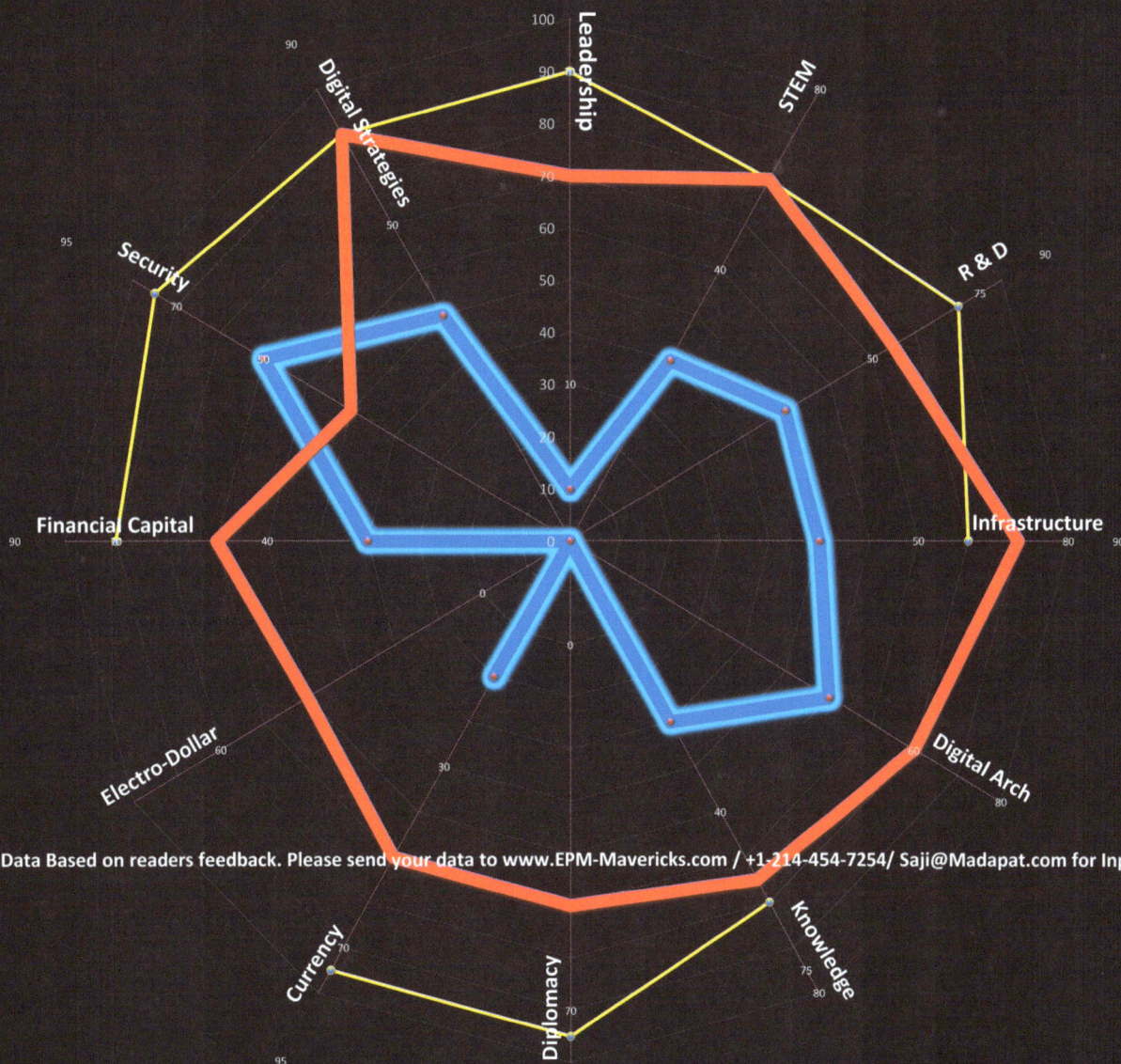

The Gods Must be Crazy!
US vs China Competitiveness Dashboard
(Representative Example scores)

Roosevelt's USA — Current USA — CHINA

Data Based on readers feedback. Please send your data to www.EPM-Mavericks.com / +1-214-454-7254/ Saji@Madapat.com for Input

EH GIÀ! MANCA POCO, AMERICA!

Ay Yi Yai Yi! We are in the middle of The New World Order!

L'AUTORE
UN BREVE EXCURSUS SULLE MIE RINASCITE ITINERANTI

★★★

> *"Ottenere cento vittorie su cento battaglie non è il massimo dell'abilità: vincere il nemico senza bisogno di combattere, quello è il trionfo massimo".*
>
> L'Arte della Guerra di Sun Tzu (476 a.C.-221 a.C.)

Sono nato e cresciuto nel Paese di Dio, Kerala, un paradiso tropicale in India. La popolazione di Kerala è devota a San Tommaso, l'apostolo, e viene educata dai missionari cristiani portati dai colonizzatori di Portogallo, Francia e Gran Bretagna. L'alfabetizzazione al 100% e gli alti standard educativi hanno favorito la nascita di molti movimenti progressisti, tra cui il comunismo. Kerala detiene molti record singolari, tra cui un indice di recupero dal virus del COVID-19 che è più alto della maggior parte dei Paesi occidentali. È stato, inoltre, il primo Paese al mondo ad eleggere democraticamente un Governo di sinistra, nel 1957, e il Governo in carica appartiene tuttora al partito comunista. Il conseguente deserto industriale portato dal comunismo mi ha costretto a fare le valigie dopo aver conseguito la laurea in ingegneria industriale (con specializzazione in Total Quality Management) e a cercare lavoro a Bombay (la capitale commerciale dell'India, oggi chiamata Mumbai).

Ma mi resi presto conto di quanto, se non mi fossi accontentato di un umile impiego in fabbrica, il colore scuro della mia pelle riducesse le mie ambizioni lavorative; sono infatti un Kala Madrasi che indossa il lungi [N.d.T.: Kāla in sanscrito significa nero mentre Madrasi, o Madrassi, è un termine usato come insulto per indicare in maniera spregiativa le persone dell'India meridionale, appartenenti alla casta degli intoccabili. Il lungi è un indumento tipico di Kerala]. Così, preoccupato per gli ostacoli alla carriera che il razzismo avrebbe comportato, fuggii al sud onde evitare eventuali discriminazioni che mi avrebbero impedito un avanzamento professionale. Ottenni il mio master in finanza come candidato che si avvaleva del piano nazionale di integrazione. Per mia fortuna, proprio nel 1990, l'intera economia indiana crollò sotto il peso gravoso della Licenza Raj: sistema rigido, centralistico, burocratico e illiberale, vecchio di mezzo secolo. Il risultato fu un'economia indiana liberalizzata. Il tempismo fu impeccabile, mi diede infatti l'opportunità di intraprendere la carriera di analista di investimenti bancari. La fortuna mi sorrise nuovamente nel 1996, quando il crollo del mercato azionario indiano mi permise di abbandonare il settore degli investimenti bancari.

L'India imboccò la via del socialismo e, durante il conflitto degli anni '70 con il Pakistan, dichiarò lo stato di emergenza nazionale. Le relazioni tra gli Stati Uniti e l'India si inasprirono a causa della guerra col Pakistan e di altri comportamenti non allineati e fu per questi motivi che l'IBM abbandonò l'India. La TCS e gli altri conglomerati informatici indiani, che nacquero proprio spinti dalla disperazione di colmare questo vuoto, forgiarono le nostre elevate competenze informatiche permettendoci di rilanciare il lascito dei computer e mainframe ereditati dalla IBM. Grazie al più grande errore nella storia del business (il Millennium Bug), IBM e le altre imprese occidentali hanno trovato in noi ("Cyber Coolies") la soluzione parsimoniosa per sistemare il codice dell'Armageddon nel giorno del giudizio.

Nel frattempo sono riuscito a passare dalla finanza aziendale a soluzioni ERP (Enterprise Resource Planning) e ho ottenuto il passaporto per l'emblema del capitalismo: gli Stati Uniti. Tuttavia nel 2000 la BaaN Brothers (con sede in Olanda) è stata coinvolta nello scandalo olandese e il sistema ERP (BaaN) #3 su cui mi basavo ha perso la sua rilevanza.

Da quel momento in poi ho passato più di un decennio a fare il volontario per il Project Management Institute (PMI®). Molti standard essenziali del Project Management Institute (tra cui PMBOK, OPM3, PP&PM, ecc.), portano la mia firma, infatti ho redatto articoli, pubblicazioni e libri del PMI (ed in particolare del Project Portfolio Management Standard). Ho anche preso parte al panel di Gartner per il PPM. In seguito sono diventato uno dei tre PM Methodology SMEs di E&Y. Nel 2008, in mezzo allo tsunami economico, sono diventato un consulente per l'ufficio del direttore finanziario, creando il dipartimento di Project Portfolio Management per una delle 10 aziende più apprezzate al mondo, secondo l'autorevole rivista Fortune. Ho fatto risparmiare loro circa mezzo miliardo di dollari, ma sono caduto vittima della stessa ingegneria finanziaria a breve termine. Mi sono quindi dovuto reinventare e l'ho fatto tramite un sistema finanziario legacy anni novanta Hyperion Enterprise. Il che mi ha poi condotto nel favoloso mondo della suite di strumenti di un direttore finanziario per una firma dell'ingegneria finanziaria tra le più importanti nel mondo della consulenza BIG4.

Nel 2009 mi sono immerso nella giungla cambogiana in cerca di risposte dal basso della piramide attraverso il GIFT cinese (Global Institute for Tomorrow)[76] – il programma globale Young Executive Leadership (YLP) voluto da Clinton. Più esaminavo il mondo della finanza in Occidente, più ero disilluso. Persi fiducia nelle montagne russe dei mercati lampo. Il 90% del mercato azionario di oggi, senza valori fondamentali a lungo termine, sta inseguendo i riacquisti di azioni, i Tweets, i QE[77], i dollari caldi e le scommesse flash algoritmiche ad alta frequenza dei BOT. Ave a Hernando de Soto: grazie a lui e alla dottrina del suo Il Mistero del capitale (The Mystery of Capital) sono rinato. Dopo l'11 settembre, ho vinto qualche dollaro puntando contro la saggezza convenzionale del mercato occidentale, scommettendo quindi su Petro China[78] e Total[79].

Al ritorno dalla devastazione dei campi di sterminio cambogiani[80] ho resuscitato ancora una volta la mia carriera, diventando un consulente EPM (Enterprise Performance Management) sono passato così dallo tsunami economico del 2008 al mondo delle BIG4. Ho guadagnato il 95% del mio patrimonio netto tra il 2008 e il 2011 scommettendo contro la saggezza convenzionale. Quando tutto il mondo riduceva la leva finanziaria, ho sfruttato fino all'estremo alcuni degli immobili più iconici del mondo, che erano in liquidazione. Mi sono sporcato le mani di sangue con la dissennata ingegneria finanziaria EPM attraverso un gergo fantasioso (noto anche come taglio dei costi) che include elementi quali il Tax Effective Supply Chain Management (TESCM), la trasformazione Business/Finance/IT, il BPR, il Six Sigma e la strategia dei prezzi e della redditività.

Per alleviare il mio senso di colpa, ho passato quasi dieci anni a fare volontariato presso il più grande ente no-profit specializzato (PMI [Project Management Institute]), che assiste quasi 3 milioni di professionisti, con oltre 500.000 membri in 208 Paesi del mondo. Ho contribuito a quasi mezza dozzina di libri e circa 50 pubblicazioni/presentazioni. Mi sono occupato di diverse edizioni del Premio "Imprenditore dell'anno" ideato e promosso da Ernst & Young.

Malauguratamente, dopo più di due decenni, sembra che io debba guadagnare la strada della redenzione percorrendo la via di Furiosa di Mad Max e arrampicarmi tra le macerie dell'apocalisse nell'era dei nostalgici capitalisti di Roosevelt.

LA TUA OPINIONE È UN BENE PREZIOSO

★★

Mi auguro che tu abbia gradito la lettura del mio libro e mi piacerebbe conoscere la tua opinione per cui ti chiedo qualche minuto del tuo tempo per recensirlo su Amazon. Il tuo parere e il tuo supporto contribuiranno a migliorare significativamente le mie capacità di scrittura per i libri futuri e renderanno questo libro ancora più apprezzabile. Questo è un manoscritto vivente ed evolverà continuamente in base alla saggezza costruttiva dei lettori (contatti diretti @ www.Epm-Mavericks.com). Ti ringrazio fin da ora!

Acronimi

- ★ Proprietà intellettuale - Intellectual property (IP)
- ★ Nuova Via della Seta - Belt and Road Initiative (BRI)
- ★ Via della Seta Digitale - Digital Silk Road (DSR)
- ★ Internet of Things (IoT)
- ★ Il Regno di Mezzo (Cina)
- ★ One Belt, One Road (OBOR)
- ★ Banca Asiatica d'Investimento per le Infrastrutture - Asian Infrastructure Investment Bank (AIIB)
- ★ Parità dei poteri di acquisto (PPA).
- ★ Prodotto Interno Lordo (PIL)
- ★ George Floyd riots (FLOYD)
- ★ Comitati d'Azione Politica (PAC)
- ★ Palude (Washington DC)
- ★ Fusioni e acquisizioni - Mergers and Acquisitions (M&A)
- ★ Facebook, Amazon, Apple, Netflix e Google (FAANG)
- ★ Global Institute for Tomorrow (GIFT - https://global-inst.com/learn/)
- ★ Scienza, tecnologia, ingegneria e matematica (STEM)
- ★ Tax Effective Supply Chain Management (TESCM)
- ★ Automazione Robotica in Cloud - Robotic Automation in Cloud (BOTs)
- ★ Business Process Outsourcing (BPO)
- ★ Partito Comunista Cinese (PCC)
- ★ Franklin D. Roosevelt (FDR)
- ★ Theodore Roosevelt (TR)
- ★ Organizzazione per la Cooperazione e lo Sviluppo Economico (OCSE)
- ★ Intelligenza Artificiale (IA)
- ★ Il Partenariato Trans-Pacifico - The Trans-Pacific Partnership (TPP)
- ★ Società per le telecomunicazioni finanziarie interbancarie mondiali - Society for Worldwide Interbank Financial Telecommunication (SWIFT)
- ★ Società di Progetto - Special-Purpose Vehicle (SPV)
- ★ Blockchain Service Network (BSN)
- ★ Nuova Banca di Sviluppo - New Development Bank (NDB)
- ★ Sistema di pagamento interbancario transfrontaliero - Cross-Border Interbank Payment System (CIPS)

Theyyam, è la 'Danza degli Dei': Il magico stato del Kerala ha una ricchezza di tradizioni culturali maggiore di qualsiasi altra parte del mondo. Il Theyyam è la "Danza degli Dei". Questa danza spettacolare incorpora elementi e rituali delle epoche preistoriche. Ci sono circa 456 tipi di rituali Theyyam (theyyakkolams) che vengono eseguiti nella regione del Nord Malabar dell'India, che è la mia regione natale.

https://www.tiger-rider.com/Client-Galleries/Rhodes/
https://www.wikiwand.com/it/Theyyam
https://en.wikipedia.org/wiki/Theyyam

Thrissur Puram, il Festival per antonomasia: Thrissur (capitale culturale dell'India) è la mia città natale –Mentre frequentavo la facoltà di Ingegneria, ho visto 4 di questi festival. Ho sempre sognato di guardare Puram da vicino - ma questo era un sogno impossibile tra le moltitudini di partecipanti che la affollano ogni anno. Mi è stato concesso una solo volta l'accesso divino alla tribuna del Divine Durbar (pass per gli ospiti rilasciato dal collezionista di Trichur), accesso senza restrizioni (pass per i media) a tutti gli eventi sia di Thiruvambadi sia di Parammekkavu Devaswom.

https://www.tiger-rider.com/Client-Galleries/Puram/
http://en.wikipedia.org/wiki/Thrissur_Pooram

Kathakali, l'arte di raccontare storie: Kathakali (Malayalam: കഥകളി) è un'importante forma di danza tradizionale indiana. Si tratta di una forma di teatro-danza, ma si distingue per il trucco elaborato e colorato, i costumi e le maschere per il viso che gli attori-danzatori, tradizionalmente maschi, indossano. Il Kathakali è un'arte performativa indù della regione sud-occidentale dell'India di lingua malayalam (Kerala).

https://it.wikipedia.org/wiki/Kathakali
https://www.tiger-rider.com/Client-Galleries/KathakaliICCT/
https://en.wikipedia.org/wiki/Kathakali

(**Fonte dell'immagine di copertina originale**: Ritratto di FDR a cui il presidente Donald J. Trump rivolge le sue osservazioni durante un evento commemorativo nazionale del D-Day mercoledì 5 giugno 2019, al Southsea Common di Portsmouth, in Inghilterra. (Foto ufficiale della Casa Bianca realizzata da Shealah Craighead))

(**Fonte dell'immagine di copertina**: Il presidente Donald J. Trump tiene in mano una copia del Washington Post durante la colazione di preghiera nazionale del 2020, giovedì 6 febbraio 2020, al Washington Hilton di Washington, D.C. (Foto ufficiale della Casa Bianca scattata da Joyce N. Boghosian))

ENDNOTES

1   Chiraq è un soprannome per Chicago, Illinois. Essa riunisce le parole Chicago e Iraq ed è usata per riferirsi a certe aree violente di Chicago, paragonandole ad una zona di guerra. https://www.dictionary.com/e/slang/chiraq/#:~:text=Chiraq%20is%20a%20nickname%20for,likening%20them%20to%20a%20warzone

2   Nella scienza politica, il termine repubblica delle banane descrive un paese politicamente instabile con un'economia dipendente dall'esportazione di un prodotto dalle risorse limitate, come le banane o i minerali. https://it.wikipedia.org/wiki/Repubblica_delle_banane#:~:text=Repubblica%20delle%20banane%20%C3%A8%20un,solo%20da%20un%20modesto%20settore
https://www.dictionary.com/e/slang/chiraq/#:~:text=Chiraq%20is%20a%20nickname%20for,likening%20them%20to%20a%20warzone

3   Il verbo "barricare" consiste nella pratica di ostruire un passaggio con sbarre o altri ostacoli, allo scopo di difendersi e combattere. https://www.wbez.org/stories/protest-art-has-covered-boarded-up-businesses-will-it-be-preserved/e3db8017-a6ba-4dde-9bc3-3d17f6ee5392

4   Negli ultimi 5000 anni, la Cina ha assunto svariati nomi, ma il nome più tradizionale che la Cina ha usato per riferirsi a se stessa è Zhonggou, che significa Regno di Mezzo (o a volte tradotto come Regno Centrale). http://www.learnmartialartsinchina.com/kung-fu-school-blog/why-is-china-called-the-middle-kingdom/#:~:text=Throughout%20the%20last%205000%20years,sometimes%20translated%20as%20Central%20Kingdom)

5   La Dutch East India Company, con il nome di United East India Company, Dutch Vereenigde Oost-Indische Compagnie, è una società commerciale fondata nella Repubblica olandese (gli attuali Paesi Bassi) nel 1602 per proteggere il commercio di quello stato nell'Oceano Indiano e per assistere nella guerra di indipendenza olandese contro la Spagna. https://www.pbs.org/wgbh/roadshow/stories/articles/2013/1/7/dutch-east-india-company-worlds-first-multinational/

6   La Compagnia delle Indie Orientali fu una compagnia inglese formata per lo sfruttamento del commercio con l'Asia orientale e sudorientale e l'India. Costituita tramite "carta" reale il 31 dicembre 1600, nacque con lo scopo di creare un organismo commerciale monopolistico che permettesse all'Inghilterra di partecipare al commercio delle spezie dell'India orientale. https://www.bbc.co.uk/programmes/n3csx134

7   Il New Deal fu una serie di programmi, progetti di lavoro pubblici, riforme finanziarie e regolamenti promulgati dal presidente Franklin D. Roosevelt negli Stati Uniti tra il 1933 e il 1939. Rispondeva ai bisogni di assistenza, riforma e recupero dalla Grande Depressione.

8   Venditore di olio di serpente è sinonimo di truffatore https://www.farwest.it/?p=24164 https://www.farwest.it/?p=24164 https://www.npr.org/sections/codeswitch/2013/08/26/215761377/a-history-of-snake-oil-salesmen

9   La crisi finanziaria globale del 2008 si colloca tra i principali esempi recenti di tsunami economico. Il mercato dei mutui subprime negli Stati Uniti ha agito come un fattore scatenante in questo caso, con grandi banche d'investimento (IB) che hanno calcolato male la quantità di rischio in alcuni strumenti di debito collateralizzati. https://www.investopedia.com/terms/e/economictsunami.asp#:~:text=The%202008%20global%20financial%20crisis,in%20certain%20collateralized%20debt%20instruments.

10 La diplomazia della trappola del debito descrive la diplomazia basata sul debito realizzata nelle relazioni bilaterali tra paesi con un intento spesso presunto negativo. Anche se il termine è stato applicato alle pratiche di prestito di molti paesi e al Fondo Monetario Internazionale, attualmente è più comunemente associato alla Repubblica Popolare Cinese.
https://foreignpolicy.com/2020/03/23/china-coronavirus-belt-and-road-bri-boost-debt-diplomacy/

11 La Belt and Road Initiative, precedentemente conosciuta come One Belt One Road o OBOR, è una strategia di sviluppo globale delle infrastrutture adottata dal Governo cinese nel 2013 per investire in vari paesi e organizzazioni internazionali.
https://www.oecd.org/finance/Chinas-Belt-and-Road-Initiative-in-the-global-trade-investment-and-finance-landscape.pdf

12 Il Piano Marshall (ufficialmente European Recovery Program, ERP) fu un'iniziativa americana approvata nel 1948 per l'aiuto estero all'Europa occidentale. https://history.state.gov/milestones/1945-1952/marshall-plan

13 Nel 2015 il Governo cinese ha annunciato ufficialmente in un libro bianco governativo la creazione della "Digital Silk Road" (DSR) come parte della Belt and Road Initiative (BRI) di Pechino. Per anni, non è stato tanto un insieme identificabile di progetti quanto il nome di quasi tutte le operazioni commerciali di telecomunicazione o di dati o delle vendite di prodotti da parte di aziende tecnologiche con sede in Cina, in Africa, Asia, Europa, America Latina o nei Caraibi - sede degli oltre 100 "paesi BRI". https://carnegieendowment.org/2020/05/08/will-china-control-global-internet-via-its-digital-silk-road-pub-81857

14 Il piano dei mille talenti o programma dei mille talenti (TTP) (cinese: 千人计划; pinyin: Qiān rén jihuà), o programmi di reclutamento di talenti di alto livello all'estero (cinese: 海外高层次人才引进计划; pinyin: Hǎiwài gāo céngcì réncái yǐnjìn jihuà) è stata fondata nel 2008 dal Governo centrale cinese per riconoscere e reclutare i maggiori esperti internazionali di ricerca scientifica, innovazione e imprenditorialità. https://www.hsgac.senate.gov/imo/media/doc/2019-11-18%20PSI%20Staff%20Report%20-%20China's%20Talent%20Recruitment%20Plans.pdf

15 Un espatriato (anche abbreviato in expat) è una persona che risiede in un paese diverso dal suo paese natale. https://itif.org/publications/2020/06/22/new-report-shows-unfair-chinese-government-support-huawei-and-zte-has-harmed
https://www.treccani.it/vocabolario/ricerca/espatriato/

16 Kompromat è un vocabolo della lingua russa ottenuto dalla contrazione di due termini ("materiali comprometten-ti"). Il termine è usato per indicare un dossier contenente informazioni, documenti, o altri materiali riguardanti un uomo politico, o altro personaggio di rilevanza pubblica, il cui contenuto, se divulgato, è in grado di denigrarne la figura o metterla in cattiva luce.
https://www.huffingtonpost.it/entry/lultima-su-donald-trump-uomo-del-kgb-per-40-anni_it_60150c-70c5b6aa4bad34373d
https://it.wikipedia.org/wiki/Kompromat#:~:text=Kompromat%20(in%20russo%3A%20%D0%BA%D0%BE%D0%BC%D0%BF%D1%80%D0%BE%D0%BC%D0%B0%D1%82%3B,(%22materiali%20compromettenti%22).

17 Dopo aver allestito teste di ponte in Asia, Europa e Africa, le società cinesi di intelligenza artificiale (AI) stanno attualmente premendo in America Latina, una terra che il Governo cinese descrive di "interesse economico fondamentale". Il Venezuela ha recentemente introdotto un nuovo sistema, la carta d'identità elettronica, che registra le adesioni e votazioni politiche dei cittadini in un database costruito dalla ZTE. La triste ironia consiste nel fatto che per anni le aziende cinesi hanno venduto molti di questi prodotti di sorveglianza in una fiera della sicurezza nello Xinjiang, la provincia natale degli Uiguri. https://www.theatlantic.com/magazine/archive/2020/09/china-ai-surveillance/614197/

18 https://www.theatlantic.com/magazine/archive/2020/09/china-ai-surveillance/614197/

19 https://www.brookings.edu/opinions/the-aiib-and-the-one-belt-one-road/

20 https://en.wikipedia.org/wiki/List_of_countries_by_GDP_(PPP)

21 https://www.heritage.org/defense/commentary/chinas-defense-spending-larger-it-looks

22 https://youtu.be/2J9y6s_ukBQ

23 https://www.nytimes.com/2018/01/18/us/politics/trump-border-wall-immigration.html

24 https://fee.org/articles/the-medical-cartel-is-keeping-health-care-costs-high/#:~:text=Though%20few%20Amer-icans%20realize%20it%2C%20health%20care%20is%20a%20monopoly.,-Cartels%20Protecting%20Doctors&text=Cartels%20Protecting%20Doctors-,Both%20directly%20or%20indirectly%2C%20the%20AMA%20also%20con-trols%20the%20prices,payment%20policies%20of%20insurance%20companies.

25 https://www.oecd-ilibrary.org/education/education-at-a-glance-2018_eag-2018-en

26 https://educationdata.org/international-student-enrollment-statistics/

27 https://www.oecd.org/pisa/pisa-2015-results-in-focus.pdf

28 https://www.sentencingproject.org/wp-content/uploads/2015/11/Americans-with-Criminal-Records-Pover-ty-and-Opportunity-Profile.pdf

29 https://www.brennancenter.org/our-work/research-reports/citizens-united-explained

30 https://www.marketwatch.com/story/airlines-and-boeing-want-a-bailout-but-look-how-much-theyve-spent-on-stock-buybacks-2020-03-18

31 https://www.marketwatch.com/story/airlines-and-boeing-want-a-bailout-but-look-how-much-theyve-spent-on-stock-buybacks-2020-03-18

32 https://www.imf.org/external/pubs/ft/fandd/2019/09/tackling-global-tax-havens-shaxon.htm

33 La versione indiana del feudalesimo. Uno zamindar, nel subcontinente indiano, era un sovrano autonomo o semi-autonomo di uno stato che accettava la sovranità dell'imperatore di Hindustan. Il termine significa proprietario terriero in persiano. Di solito gli zamindar detenevano, per via ereditaria, enormi appezzamenti di terra e il controllo sui loro contadini, dai quali si riservavano il diritto di riscuotere le tasse per conto delle corti imperiali o per scopi militari. https://www.britannica.com/topic/zamindar

34 Gordon Gekko è un personaggio immaginario, il cattivo nel famoso film di Oliver Stone del 1987 "Wall Street". https://review.chicagobooth.edu/behavioral-science/2017/article/moral-ambivalence-gordon-gekko https://www.startingfinance.com/approfondimenti/gordon-gekko-genio-del-male/

35 Elysium è un cupo film di fantascienza che descrive la società attuale e la disuguaglianza sociale ed economica esistente. https://www.sonypictures.com/movies/elysium

36 Citazione tratta da "Il mistero del capitale. Perché il capitalismo ha trionfato in Occidente e ha fallito nel resto del mondo" (The Mystery of Capital: Why Capitalism Triumphs in the West and Fails Everywhere) un libro di Hernando de Soto. https://www.amazon.com/dp/B06XCFW5ZN/ https://www.amazon.it/mistero-capitale-capitalismo-trionfato-Occidente/dp/8811740045

37 https://www.sba.gov/sites/default/files/FAQ_Sept_2012.pdf

38 Un cupo film di fantascienza che si rifà alla società attuale e alla disuguaglianza sociale ed economica esistente. https://en.wikipedia.org/wiki/Elysium_(film)

39 https://www.cnn.com/2020/01/07/tech/boz-trump-facebook/index.html

40 https://www.swift.com/sites/default/files/documents/swift_bi_currency_evolution_infopaper_57128.pdf

41 https://www.thebalance.com/black-wednesday-george-soros-bet-against-britain-1978944

42 https://en.wikipedia.org/wiki/1997_Asian_financial_crisis#:~:text=Malaysian%20Prime%20Minister%20Mahathir%20Mohamad,sold%20it%20short%20in%201997.

43 https://www.rottentomatoes.com/tv/the_man_in_the_high_castle/s01

44 https://www.rottentomatoes.com/m/american_factory

45 https://www.treccani.it/vocabolario/fumo_%28Sinonimi-e-Contrari%29/ https://en.wikipedia.org/wiki/Snake_oil

46 https://www.imf.org/en/Publications/GFSR/Issues/2019/10/01/global-financial-stability-report-october-2019

47 Il nome di questo libro deriva dal film del 1980 "Ma che siamo tutti matti?", in cui una bottiglia di Coca-Cola vuota viene fatta cadere da un aereo su una comunità di boscimani africani. La bottiglia è considerata un dono degli dei, ma, poiché essa causa scontri tra gli abitanti del villaggio, i capi tribù decidono di restituirla agli dei facendo viaggiare uno degli abitanti del villaggio fino alla fine del mondo per lasciare la bottiglia oltre quel confine. Attraverso la mia bottiglia di coca metaforica riesco a vedere l'alba di un nuovo impero. Questo libro presenta il mio punto di vista su come procedere per risanare l'impero attuale (capitalismo e imprese) prima che sia troppo tardi. https://www.rottentomatoes.com/m/the_gods_must_be_crazy https://it.wikipedia.org/wiki/Ma_che_siamo_tutti_matti%3F

48 https://global-inst.com/

49 https://www.history.com/topics/cold-war/the-khmer-rouge

50 https://it.wikipedia.org/wiki/Vino_di_serpente https://en.wikipedia.org/wiki/Snake_wine

51 https://www.cato.org/cato-journal/winter-2018/against-helicopter-money

52 https://www.investopedia.com/terms/g/gordon-gekko.asp

53 https://www.investopedia.com/terms/q/quantitative-easing.asp

54 https://youtu.be/8iXdsvgpwc8

55 Il triplice ripudio ("Triplo talaq"), è una antica pratica islamica che permette al marito di divorziare istantaneamente

da sua moglie ripetendo tre volte la formula "talaq" (io ti ripudio) con ogni mezzo, inclusa la posta elettronica
https://it.wikipedia.org/wiki/Ripudio_nell%27islam
https://en.wikipedia.org/wiki/Divorce_in_Islam

56 https://it.wikipedia.org/wiki/Stati_per_PIL_(PPA)
https://en.wikipedia.org/wiki/List_of_countries_by_GDP_(PPP)

57 https://www.whitehouse.gov/presidential-actions/memorandum-order-defense-production-act-regarding-3m-company/

58 https://www.theatlantic.com/education/archive/2018/09/why-is-college-so-expensive-in-america/569884/

59 https://www.theregister.com/2021/08/20/china_5g_progress/

60 https://www.assolombarda.it/centro-studi/il-futuro-del-lavoro-dopo-il-covid-19
https://www.mckinsey.com/business-functions/organization/our-insights/getting-practical-about-the-future-of-work

61 https://en.wikipedia.org/wiki/List_of_countries_by_GDP_(PPP)
https://it.wikipedia.org/wiki/Stati_per_PIL_(PPA)

62 https://www.swift.com/sites/default/files/documents/swift_bi_currency_evolution_infopaper_57128.pdf

63 https://data.worldbank.org/indicator/CM.MKT.LDOM.NO?end=2018&locations=US&start=1996

64 https://watson.brown.edu/costsofwar/papers/2021/ProfitsOfWar

65 Saudi Sovereign-Wealth Fund Buys Stakes in Facebook, Boeing, Cisco Systems - WSJ

66 https://www.whitehouse.gov/briefing-room/presidential-actions/2021/09/03/executive-order-on-declassification-review-of-certain-documents-concerning-the-terrorist-attacks-of-september-11-2001/

67 https://en.wikipedia.org/wiki/Charlie_Wilson%27s_War_(film), https://www.pbs.org/wgbh/frontline/film/bitter-rivals-iran-and-saudi-arabia/, https://en.wikipedia.org/wiki/Syriana, https://www.pbs.org/frontlineworld/stories/r4.html
https://www.pbs.org/independentlens/films/shadow-world/

68 https://www.wsj.com/articles/saudi-sovereign-wealth-fund-buys-stakes-in-facebook-boeing-cisco-systems-11589633300

69 https://en.wikipedia.org/wiki/Lobbying_in_the_United_States
https://www.american.edu/spa/ccps/upload/thurber-testimony.pdf

70 https://www.brennancenter.org/our-work/analysis-opinion/how-campaign-spending-judicial-elections-subverts-justice

71 https://it.qiq.wiki/wiki/Snake_oil
https://www.farwest.it/?p=24164
https://en.wikipedia.org/wiki/Snake_oil

72 https://www.treccani.it/enciclopedia/reich/
https://www.britannica.com/place/Third-Reich

73 https://it.wikipedia.org/wiki/L%27uomo_nell%27alto_castello_(serie_televisiva)
https://www.rottentomatoes.com/tv/the_man_in_the_high_castle/s01

74 https://www.rottentomatoes.com/m/american_factory

75 https://youtu.be/8iXdsvgpwc8

76 https://global-inst.com/

77 https://www.investopedia.com/terms/q/quantitative-easing.asp

78 http://www.petrochina.com.cn/ptr/index.shtml

79 https://www.total.com/

80 https://www.treccani.it/enciclopedia/khmer-rossi/
https://www.history.com/topics/cold-war/the-khmer-rouge

RINGRAZIAMENTI

Voglio esprimere la mia gratitudine a tutti coloro che mi hanno rivolto critiche costruttive e mi hanno aiutato a riprendermi da tre decenni di percezioni errate. Un ringraziamento speciale a tutti coloro che mi hanno permesso di avere prospettive diverse, tra cui Fox News, PBS, Real Vision, FT, HBR, Bloomberg, Ray Dalio, Hernando de Soto, Chamath Palihapitiya, Charlie Rose, GIFT (www.global-inst.com)...